Gabi Stief / Hans-Peter Wiechers

Der Mordverdacht

Hat die Justiz die Krebsärztin Mechthild Bach
in den Tod getrieben?

Eine Reportage

zuKlampen!

Gabi Stief war Politikredakteurin bei der *Hannoverschen Allgemeinen Zeitung* und hat aus dem Berliner Büro des Blattes über Sozial- und Gesundheitspolitik berichtet. Sie ist für ihre Arbeit unter anderem mit dem Theodor-Wolff-Preis ausgezeichnet worden und erhielt für ihre Reportage *Der letzte Wille. Wann ist ein Leben nicht mehr lebenswert?* den Richard-von-Weizsäcker-Journalistenpreis.

Hans-Peter Wiechers war Gerichtsreporter der *Hannoverschen Allgemeinen Zeitung* und Kolumnist. Er hat als Regisseur und Drehbuchautor zahlreiche Dokumentarfilme produziert und bei zu Klampen das Buch *Harte Zeiten. Menschen in Hannover 1930–1933* (2016) über den Fotografen Walter Ballhause veröffentlicht.

www.zuklampen.de

Satz: Germano Wallmann · Gronau · www.geisterwort.de
Umschlaggestaltung: © HildenDesign · München · www.hildendesign.de
Bildmotiv: © Michael Thomas
Druck: CPI – Clausen & Bosse · Leck · www.cpi-print.de

ISBN 978-3-86674-584-1

Bibliografische Information der Deutschen Nationalbibliothek
Die Deutsche Nationalbibliothek verzeichnet diese Publikation
in der Deutschen Nationalbibliografie; detaillierte bibliografische Daten
sind im Internet über <http://dnb.dnb.de> abrufbar.

Gabi Stief / Hans-Peter Wiechers

Der Mordverdacht

Inhalt

Der letzte Tag

Es ist ein milder Januartag im Jahr 2011, als sich der Anwalt Matthias Waldraff auf den Weg zum Landgericht macht. Leichter Regen trübt die Sicht, ab und an hellt sich der Himmel auf und die Sonne schmeichelt.

Auf dem Parkplatz hinter dem Hauptbahnhof wartet eine zierliche Frau auf ihn; sie verschwindet fast unter ihrem Regenschirm. Seit ein paar Jahren treffen sie sich dort immer dann, wenn wieder ein Verhandlungstermin ansteht. Zum Hintereingang des Justizgebäudes sind es nur ein paar Meter und von dort gelangt man unbemerkt von den vielen Kameras und Mikrofonen in die kleine Bibliothek des Anwaltsvereins. Der Raum war in all den Jahren für Anwalt und Mandantin ein wichtiger Ort des Rückzugs, vor Verhandlungsbeginn und in den Pausen.

Mit beiden Händen umklammert die Frau den Griff des Schirms, als suche sie festen Halt. Die akkurat frisierten grauen Haare umschließen ihr blasses, dezent geschminktes Gesicht wie ein Helm. Die Wangen unter der randlosen Brille sind eingefallen. Die schmalen Lippen deuten ein leichtes Lächeln an, als der Anwalt auf sie zugeht. Viele Leute haben ihm erzählt, dass sie früher eine eher korpulente Frau war. Sie aß gern Süßigkeiten. Lächelte nicht nur, lachte. Auf alten Fotos hat sie ein offenes, kein verschlossenes Gesicht mit feinen Zügen; sie schaut den Fotografen auffordernd an; es ist der Blick einer selbstbewussten Frau. Damals, als ihre Welt noch in Ordnung war. Als sie ein geordnetes, erfülltes Leben führte. Ohne Anfeindungen.

Wer Mechthild Bach zum ersten Mal in ihrem weißen Arztkittel begegnet war, fühlte sich sogar ein wenig eingeschüchtert. Sie strahlte Autorität aus, und eine gewisse Strenge, die sich beim weiteren Kennenlernen aber schnell verflüchtigte. Sie konnte fürsorglich sein; bestimmend und liebevoll zugleich, wenn Patienten ihr ihre Probleme anvertrauten. Sie konnte mitfühlen, ohne sich selbst zu öffnen. Sie blieb für die meisten unnahbar; eine Unbekannte. Freunde gab es nur wenige.

Matthias Waldraff ist seit mehr als dreißig Jahren Anwalt, Strafverteidiger. Er kennt dieses elektrisierende Vorgefühl, wenn man weiß, dass im Gerichtssaal eine entscheidende Wende ansteht. Es ist eine innere Anspannung, die wohl auch ein Skispringer empfindet, der oben an der Sprungschanze auf sein Startsignal wartet. Aber diesmal spürt er noch etwas anderes. Als sie nebeneinander auf dem langen Flur schweigend vom Anwaltszimmer zum Schwurgerichtssaal gehen – er in seiner schwarzen Anwaltsrobe, sie trägt einen hellen Rollkragenpulli unter einem modern geschnittenen Tweed-Blazer – hat er das Gefühl, der Gang sei endlos. Bilder schießen ihm durch den Kopf, als blättere er in einem Album, das bald komplett sein sollte.

Er muss an das erste Zusammentreffen vor vier Jahren denken, damals in ihrem Haus in Bad Salzdetfurth. Ihr erster Anwalt, ein renommierter Münchener Medizinrechtler, hatte sich mit 65 Jahren in den Ruhestand zurückgezogen. Eine ihrer Praxismitarbeiterinnen kam auf die Idee, den Strafrechtler Matthias Waldraff zu fragen, ob er das Mandat übernehmen könne. Der Anwalt kannte bis dahin den Namen Mechthild Bach nur aus der Presse. Für *Bild* war die 54-jährige Internistin ein »Todesengel«, der wahrscheinlich acht Patienten mit einem Medikamenten-Cocktail aus Morphium und Valium totgespritzt hat. Der *Spiegel* ging kaum weniger rabiat mit ihr um, nannte sie die »Skandalärztin« und raunte über das möglicherweise größte Todesermittlungsverfahren in der Bundesrepublik.

Als Matthias Waldraff sie kennenlernte, war sie noch eine Kämpferin und überzeugt, dass sich alle Vorwürfe am Ende in Luft auflösen würden. Vier lange Jahren wartete sie damals bereits auf ihren Prozess. Vier Jahre, in denen sie ihren Beruf nicht mehr ausüben durfte. 2004 war sie sogar verhaftet worden. Morgens um 6.40 Uhr, an einem Februartag, standen Polizeibeamte vor ihrer Tür, um sie ins Gefängnis zu bringen.

Sie landete in einer Vier-Bett-Zelle, mit Kleinkriminellen und Prostituierten, die Kette rauchten und hämische Bemerkungen machten, wenn »Frau Doktor« versuchte, Akten zu lesen und ihrem Anwalt zu schreiben. Erst nach 22 Tagen kam sie gegen eine Kaution von 40.000 Euro frei. Der Haftbefehl wurde außer Kraft gesetzt, aber nicht aufgehoben. Einmal in der Woche musste sie sich seitdem im Polizeirevier melden. Dennoch vertraute sie nach wie vor darauf, dass sie bald wieder in ihrer Praxis sitzen würde, um das zu tun, was sie die Erfüllung ihres Leben nannte: die Behandlung ihrer Patienten.

Im Parterre ihres Einfamilienhauses hatte sie ein kleines, nüchtern möbliertes Büro, wo sie zwei Tage lang zusammensaßen und redeten. Der Anwalt und seine potenzielle Mandantin. Er bat sie, von sich zu erzählen. Er musste für sich klären, ob er sich dieser Aufgabe gewachsen fühlte und ob er ihr vertrauen konnte. Schließlich ging es um einen Prozess, der, wie er damals bereits ahnte, ihm auch emotional nahe gehen würde wie kein anderer zuvor.

Er wollte wissen, was diese Frau für ein Mensch ist. Eine arrogante Medizinerin mit Heiligenschein, wie ein Bekannter spottete, der sie als Rednerin auf einem Kongress erlebt hatte? Eine Ärztin mit Helfersyndrom, wie Kollegen vermuteten, die sie nur aus der Zeitung kannten? Er musste von ihrer Unschuld überzeugt sein. Am Ende war er es. Er ist es noch heute. Nach so vielen Jahren.

Es war einiges los in den 72 Verhandlungstagen im großen Schwurgerichtssaal. Während draußen an manchen Tagen demonstriert wurde, wurde drinnen gespottet, gelästert, gegiftet, gestritten – und doziert.

2008, vier Jahre nach der U-Haft, begann der erste Prozess, der bereits drei Monate später platzte, weil ein Richter krank wurde. Dass es keinen Ersatzrichter gab, war ein Skandal; aber keineswegs der erste. Wie im Verlauf der Verhandlung bekannt wurde, hatte einer der drei Richter bereits vor Prozessbeginn seiner Ex-Ehefrau am Telefon anvertraut, dass er die Angeklagte für hundertprozentig schuldig halte, Patienten vorsätzlich totgespritzt zu haben. Er hatte Mechthild Bach zwar noch kein einziges Mal zu Gesicht bekommen; aber er kannte die ersten Gutachten.

Diese Gutachten, vielmehr die Gutachter, sollten fortan den Prozess beherrschen.

Michael Zenz und Rafael Dudziak, zwei Schmerzmediziner, zwei Anästhesisten, an die sich der Patient nach einer gelungenen Operation in der Regel nicht erinnert, im Gegensatz zum Operateur; also zwei Narkoseärzte, Koryphäen in ihrem Fach, wurden vom Gericht als Sachverständige bestellt. Das juristische Lehrbuch sagt, dass dies sinnvoll ist, wenn es sachverständiger Unterstützung bei der Urteilsfindung bedarf. Aber was geschieht, wenn zwei Sachverständige zu gegenteiligen Urteilen kommen. Wenn zwei Mediziner zu widersprüchlichen Diagnosen kommen, die über ein Leben entscheiden? Wird jenem vertraut, der überzeugender und rhetorisch geschulter vorträgt?

Platzt eine Regierung, kommt es zu Neuwahlen. Platzt ein Prozess, wird neu verhandelt. 2009 startete man neu, mit anderen Richtern und korrigierter Anklage. Statt um achtfachen Totschlag ging es nun um dreizehnfachen. Gutachter Zenz, 2003 erstmals von der Staatsanwaltschaft mit der Prüfung von Krankenakten beauftragt, war fleißig gewesen und hatte nachgelegt. Die Schlacht der Gutachter, der Disput der Wissenschaftler, ging in die zweite Runde.

Ein dritter Gutachter sorgte für das, was der Anklage bislang noch gefehlt hatte: ein Motiv. Warum sollte Mechthild Bach getötet haben? Aus Heimtücke und Habgier, erklärte Manfred Schwartau, ein Mediziner im Dienste der Krankenkassen, der sich gern damit brüstet, betrügerischen Ärzten auf die Schliche zu kommen und falsch abgerechnete Millionenbeträge einzusammeln. Schwartau war es auch, dem die hohe Zahl an Todesfällen auf der Station von Mechthild Bach seltsam erschienen war. Warum wurde in der Paracelsus-Klinik mehr gestorben als in anderen Krankenhäusern?

Eine berechtigte Frage. Doch wollte man die Antwort hören? Es gab Zeugen, die offen darüber redeten. Wenn sterbenskranke Patienten »austherapiert« waren, wenn die Ärzte mit ihrem Latein am Ende waren und freie Betten brauchten, rief man bei Mechthild Bach oder in einer anderen Klinik an und bat sie, einer Verlegung zuzustimmen. Eine Palliativ-Station gab es weder in Hannover, noch in der näheren Umgebung. Palliativ bedeutet, den Schmerz lindern, aber nicht mehr die Ursache der Krankheit bekämpfen. Mechthild Bach tat es: Sie versuchte, mit Medikamenten Schmerzen zu betäuben. Und sie kümmerte sich, sprach Mut zu, gab Hoffnung – auch wenn es keinen Anlass für Hoffnung gab.

Mechthild Bach hat diesem Januartag entgegengebangt. Angstvoll? Nein, eher mit Zuversicht. Diesen letzten Rest an Zuversicht hat sie sich bewahrt, wie einen Schatz. Sie hat in all den zurücklegenden Monaten dem Vorsitzenden Richter Wolfgang Rosenbusch vertraut, seinem Ton nachgespürt, seine Mimik versucht zu deuten. Vertrauen ist wie ein Verzicht auf letztes Wissen, heißt es. Dieser Verzicht endet heute. Denn das Gericht hat überraschend zu einer Zwischenbilanz eingeladen. Kein Urteil, aber ein »rechtlicher Hinweis« soll es sein. Auch Matthias Waldraff hat die Hoffnung, dass dieser Tag für seine Mandantin gut enden wird. Schließlich lautet einer der Grundsätze in jedem Strafverfahren: in dubio pro rea – im Zweifel für die Angeklagte.

Als Mechthild Bach und ihr Anwalt den Saal betreten, türmt sich vor ihnen eine Wand von Dutzenden Fotografen und Kameraleuten auf. Der zweite Anwalt, Albrecht-Paul Wegener, sitzt bereits in der Verteidigerbank. Auch Gutachter Rafael Dudziak, 77 Jahre alt, wie Bach ein feinsinniger Musikliebhaber, hat bereits seinen Platz am Tisch vor den Zuhörerbänken eingenommen und nickt ihr höflich zu. Er hat in all den Wochen immer wieder, in jedem der bis dahin verhandelten sechs Fälle, ausgeführt, dass sie nicht töten wollte. Dass die Anklage hanebüchen sei. Dass der Gegengutachter Zenz im Unrecht sei. Das Dokumentieren habe sie vernachlässigt – ja; aber das Sterben hätte kein Arzt verhindern können. Er tat dies in einer eher schwerfälligen Sprache; ein pensionierter Kliniker, der zwar bereits unzählige Male als Sachverständiger vor Gericht aufgetreten ist, aber als Redner nicht brilliert.

Ganz anders der Mann neben ihm. Michael Zenz, Präsident der Schmerzmedizin-Gesellschaft, die er einst mit Kollegen bei einem Kongress in Florenz gegründet hat, trägt gern vor, belehrt gern; seine Ehefrau ist als bezahlte Assistentin immer an seiner Seite. Auch heute. Er meidet den Blick von Mechthild Bach. Wie immer. Er klappt geschäftig seinen Laptop auf, als müsse er noch einmal einen Vortrag durchgehen.

Hinter ihm, auf den Zuhörerbänken sitzen Mechthild Bachs Unterstützerinnen, gut zwei Dutzend ehemalige Patientinnen, die kaum einen Prozesstag verpasst haben. Sie sind Zeugen, die nie geladen wurden; ja, sogar unerwünscht waren, weil sie für die Angeklagte Partei ergriffen. Dabei hätten sie hundertfach bezeugen können, dass Bachs Krebspatienten nicht nur starben, sondern auch mit ihrer Hilfe den Kampf gegen die heimtückische Krankheit gewannen. Die pensionierte Lehrerin, der im ersten Prozess vom Richter eine Ordnungsstrafe angedroht wurde, weil sie aufgrund ihrer schmerzenden Hüfte beim Eintreten der Kammer nicht aufgestanden war. Die Psychotherapeutin, die schon einige Protestaktionen organisiert hat. Die ehemalige Schwesternhelferin aus der Paracelsus-Klinik, die mittlerweile in Berlin lebt. Oder der Musikdirektor, der sich gern abseits hält und ein guter Freund von Bach ist.

Die Tür hinter der Richterbank öffnet sich und Richter Rosenbusch, seine Kolleginnen Inge Ullrich und Jana Bader und die beiden Schöffen betreten den Saal. Alle Anwesenden erheben sich. Der Geste – den ausgebreiteten Armen, mit denen Rosenbusch allen bedeutet, wieder Platz zu nehmen – folgt ein Rauschen und Räuspern, das an das Wispern von Baumwipfeln im Wind erinnert. Alles verstummt. Die Spannung steigt. Mechthild Bach schaut auf ihre Hände, die gefaltet vor ihr auf dem Tisch liegen.

Der Richter erhebt seine Stimme. Mechthild Bach lauscht, folgt ihm, voller Hoffnung. Doch bereits nach wenigen Minuten verspürt sie eisige Kälte, als sei ein Fenster geöffnet worden. Die Gesichter im Saal verschwimmen. Satzfetzen treffen sie wie Geschosse. »Es gibt erhebliche Anhaltspunkte«, sagt Richter Rosenbusch, »dass die Angeklagte Opiate in medizinisch nicht indizierten, sehr hohen Dosen verabreicht und damit den Tod verursacht hat.« Alle sechs

Patienten seien nicht eines natürlichen Todes infolge ihrer Grunderkrankung gestorben. »Es deutet vieles auf eine vorsätzliche Vorgehensweise hin.« Ein unbedachter Fehler? »Frau Dr. Bach kannte die Wirkung der Medikamente. Ihre Kompetenz steht nicht infrage.« Die Patienten hätten sich »arg- und wehrlos darauf verlassen, dass ein Angriff auf ihr Leben nicht stattfindet«. Nach wenigen Minuten fällt der Satz, der alles übertrifft: »Es gibt Hinweise auf das Mordmerkmal der Heimtücke.« In zwei von sechs Fällen. Mechthild Bach schließt die Augen. Matthias Waldraff legt seine Hand auf ihre. Der Anwalt hat Mühe sich zu beherrschen, nicht aufzuspringen und das Gericht zu attackieren. Nach zwanzig Minuten ist alles vorbei. Ein Raunen geht durch den Saal. Rosenbusch erklärt die Verhandlung für beendet; die Tür schließt sich hinter Richter, Schöffen und Protokollant. Fortsetzung nächste Woche.

Einer im Publikum hat es geahnt. Der weißhaarige Musikdirektor verharrt auf seinem Platz in der hintersten Reihe, während alle um ihn herum nach draußen drängen. Er hat schon seit Langem nicht mehr an einen Freispruch geglaubt. Er hat keinen Prozesstag versäumt, auch wenn er die Stimmung zeitweilig als unerträglich empfand. Er hat den Richter beobachtet, wie er mit seiner Kollegin tuschelte, wenn der Gutachter der Verteidigung vor ihm stand und vortrug. An der Art, wie der Richter nachfragte, meinte er zu merken, dass er den Gutachter nicht ernst nahm. Den der Staatsanwaltschaft schon. Er hat Mechthild Bach nichts von seinen Zweifeln erzählt. Ihm fehlte der Mut. Und nun? Er versucht, ihrem Blick zu begegnen. Doch sie sieht niemanden. Ihr Blick ist leer.

Matthias Waldraff stützt sie, damit sie nicht stürzt; er führt sie aus dem Saal, zurück über den endlosen Flur in die kleine Bibliothek. Anderthalb Stunden sitzen sie dort. Es fällt kaum ein Wort. Sie weint. Schließlich verabreden sie, sich in den nächsten Tagen zu treffen, um das weitere Vorgehen zu besprechen. Sie nehmen sich zum Abschied in den Arm.

Als zu hart, zu eindeutig und brutal kommentiert Bachs Anwalt an diesem Tag Rosenbuschs Erklärung im Gespräch mit Journalisten. Das Wesen der Ärztin habe sich in der Einschätzung des Gerichts nicht wiedergefunden. Mit dem Mordvorwurf habe er nicht gerechnet. Journalisten fragen ihn, was Mechthild Bach empfinde. Er sagt, sie habe immer gekämpft. Er gehe davon aus, dass sie die Kraft finden werde, um weiterzumachen.

Sogar die Anklägerin ist überrascht über die Einschätzung des Gerichts. »Das ist mehr als das, von dem wir bei der Anklageerhebung ausgegangen sind«, sagt Staatsanwältin Kathrin Söfker. Sie klingt wie eine Boxerin, die überrascht feststellt, dass ihr Faustschlag tödlich war.

Das große Vorbild

»Nichts ist erfolgreicher als der Erfolg«, frohlockte Hartmut Krukemeyer, ein Arzt mit Geschäftssinn und guten Kontakten zu Spitzenfunktionären von Ärzte- und Krankenhausverbänden, Ende der siebziger Jahre in einem Interview: »Die Einnahmen sprudeln.« Heute weiß man: Das hörte so schnell nicht auf. Zehn Jahre später sollte der Gründer der Paracelsus-Kliniken, der Radiologe Krukemeyer, Alleininhaber der größten privaten Krankenhauskette in Europa mit mehr als einem Dutzend Tochterunternehmen in Amerika sein.

Den Grundstein legte er in seiner Heimatstadt Osnabrück, wo er 1970 mit großem finanziellen Einsatz und staatlicher Unterstützung seine erste Praxisklinik eröffnete. Ein Modell, das er sich im kleinen Ort Rochester in Minnesota abgeschaut hatte. Dort hatte die Mayo-Klinik im Laufe der Jahre Weltruhm erlangt. Mediziner, Politiker, Wissenschaftler pilgerten zu diesem Ort in der weiten Prärie, um diese ungewöhnliche Großpraxis kennenzulernen, in der 350 Fachärzte mit modernster Technik an einem Tag etwa 2000 Patienten untersuchten und einige hundert Patienten, deren Diagnose dies erzwang, in kooperierenden Hospitälern aufnahmen und operierten. Ambulante und stationäre Versorgung unter einem

Dach, um Abläufe zu rationalisieren? So etwas war auf dem deutschen regulierten Gesundheitsmarkt bis dato unvorstellbar.

Niedergelassene Ärzte und Krankenhäuser arbeiteten streng voneinander getrennt; beide Versorgungsbereiche hatten eigene Honorarregeln, eigene Budgets, die mit den Krankenkassen ausgehandelt wurden. Kliniken durften in der Regel keine Praxen eröffnen, Praxen keine Betten-Station. Kooperationen, eine sogenannte integrative Versorgung, galten als Experiment und bedurfte einer gesetzlichen Ausnahmegenehmigung.

Krukemeyer gelang das Unmögliche. Er überzeugte Politiker und Verbände; am Ende wurde sein Modell eines Belegkrankenhauses mit sechzehn Facharztpraxen, einer Apotheke und stationären Abteilungen nicht nur von den Spitzenverbänden der Krankenkassen in Niedersachsen im Rahmen einer Ausnahmegenehmigung als Hochleistungsklinik anerkannt, sondern auch im Krankenhausbedarfsplan des Landes aufgenommen, mit Aussicht auf Millionen an Investitionsförderung.

Das Entgegenkommen hatte einen Grund. Seit ein paar Jahren plagten sich Krankenkassen und Gesundheitspolitiker mit der Frage, wie man die explodierenden Kosten für die stationäre Behandlung in den Griff bekommen könnte. Firmengründer Krukemeyer versprach, billiger zu sein als das städtische Krankenhaus um die Ecke. Es waren jene Jahre, als noch mit jedem Krankenhaus individuelle Tagessätze vereinbart wurden und die Dauer des Klinikaufenthalts den Endpreis bestimmte. Erst 2003 wurden sogenannte Fallpauschalen eingeführt. Fortan bestimmte nicht mehr die Behandlungsdauer oder der ausgehandelte Pflegesatz die Vergütung, sondern die Erkrankung und deren fixer Preis, sei es für die Blinddarmoperation oder den Herzinfarkt.

Unternehmenschef Krukemeyer hielt sein Versprechen. In der Paracelsus-Klinik wurden die Patienten nicht nur schneller entlassen als bei der Konkurrenz, auch die vereinbarten Pflegesätze waren niedriger. Das Geschäft hatte für alle Seiten Vorteile: Während die Kassen sparten, verdiente Krukemeyer gut an den Mieteinnahmen für die Praxen und dem Entgelt für das zentrale Management der Klinik. Außerdem sorgte jede zügige Entlassung für ein freies Bett, das wieder belegt werden konnte. Kenner der Szene beklagten zwar, dass dieses Klinikmodell nicht so gut für Notfälle wie andere Akutkrankenhäuser ausgestattet war. Aber nichts geschah im Verborgenen. Ein Gutachter der Krankenkassen, der später kritisieren sollte, dass die Paracelsus-Klinik keine Intensivbetten bereithielt, musste zugleich einräumen, dass dies nicht ohne Genehmigung der Kassen geschah. Und man war durchaus zufrieden mit dem exotischen Sparmodell. Binnen weniger Jahre eröffnete Krukemeyer weitere Häuser; die Praxisklinik wurde zum Exportschlager.

Anfang der Achtzigerjahre gehörten zum Unternehmen bereits 35 Kliniken, mit 7500 Mitarbeitern und rund tausend Belegärzten. 1982 feierte die Osnabrücker Zentrale einen Neuerwerb vor den Toren Hannovers: Das privat betriebene »Krankenhaus am Silbersee« in Langenhagen wurde Mitglied der florierenden Paracelsus-Familie. Allerdings entschied man sich in Langenhagen, die Organisation als klassische Belegarztklinik beizubehalten. Die Abteilungen der Inneren Medizin, Gynäkologie, Geburtshilfe und Chirurgie wurden von Belegärzten geführt, die außerhalb, nicht innerhalb der Klinik ihre Praxen betrieben und für den ständigen Stationsbetrieb Assistenzärzte beschäftigten, die nebenbei auch für die Bereitschaftsdienste zuständig waren.

Auch eine junge Klinikärztin in Lünen hatte etwas zu feiern. Mechthild Bach war gerade einmal 32 Jahre alt, als sie den Zuschlag für eine Stelle als Oberärztin in der Belegabteilung der Inneren Medizin im neu eröffneten 130-Betten-Haus in Langenhagen bekam.

Sie hatte gerade ihre Facharztausbildung im St.-Marien-Hospital in Lünen abgeschlossen, das ein stark christlich geprägtes Behandlungskonzept verfolgt. Nach dem Studium in Münster, einer Assistenzzeit an einer Klinik in Hamm und der Approbation als Ärztin hatte sie sich für die Weiterbildung in der Inneren Medizin entschieden, die früher als »Königsdisziplin« galt und fast alles umfasst, was nicht mit Operationen zu tun hat.

Die Gutachter, die ihr später Totschlag vorwerfen sollten, ließen keine Gelegenheit ungenutzt, um ihr Inkompetenz und eine fehlende Ausbildung zu unterstellen. Dabei ist die Facharztausbildung zur Internistin kein unterhaltsames Volkshochschulseminar. Sie dauert fünf Jahre, gilt als »Königsdisziplin«, und am Ende muss man sich entscheiden: zwischen Klinik oder Praxis, zwischen dem Titel »Hausärztin« oder »Internistin« und zwischen dem mehr ganzheitlich tätigen Arzt, der ein breites Spektrum an Wissen über Medikation, Laborwerten und

Nebendiagnosen seiner Patienten präsent haben muss, oder dem mehr »technisch« tätigen Arzt, der sich auf eine der vielen Disziplinen wie die Kardiologie spezialisiert. Mechthild Bach lag mehr das »Ganzheitliche«.

Sie wuchs in einem christlich geprägten Elternhaus auf. Der Vater führte in Wuppertal-Barmen einen Malereibetrieb und war aktives Mitglied in einer evangelisch-reformierten Kirchengemeinde. Die *Bild*-Zeitung hielt es später für erwähnenswert, dass das Bach'sche Wohnhaus zwischen einer Kirche und einem Friedhof lag.

Mit dreizehn Jahren, so erzählte sie später selbst, verunglückt sie beim Turnen schwer und muss monatelang mit starken Schmerzen und einem Bein- und Fußbruch im Bett liegen. Infolge des Sturzes wird sie lebenslang unter einer Gehbehinderung leiden, leicht hinken und beim Autofahren auf eine Spezialanfertigung angewiesen sein. »Als ich hilflos im Krankenbett lag, habe ich den Entschluss gefasst, Ärztin zu werden«, wird sie vor Gericht erklären. Dennoch studiert sie zuerst Physik und Mathematik, bevor sie nach vier Semestern zur Medizin wechselt. Ihre Doktorarbeit bekommt die Note »Sehr gut«.

1975, sie ist gerade Assistenzärztin in Hamm, wird ihre drei Jahre ältere Schwester Jutta auf dem Weg zur Beerdigung der Großmutter in einer Frankfurter Tiefgarage von ihrem Ehemann erschossen. Sie muss die Leiche der Schwester identifizieren, weil die Eltern es nicht verkraften. Der Mörder wird zu zehn Jahren Haft verurteilt.

Die Schicksalsschläge hören nicht auf. Fünf Jahre später stirbt Mechthild Bachs Mutter wenige Monate nach der Krebsdiagnose. »Dies hat meinen beruflichen Weg mit beeinflusst«, erklärt sie vor Gericht. »Patienten mit einer chronischen Erkrankung galt schon sehr früh meine Aufmerksamkeit.«

Den Wechsel nach Langenhagen drei Jahre später dürfte sie als Glücksfall empfunden haben. Denn ihr Chef auf der Inneren Abteilung an der Paracelsus-Klinik sollte zwar einer der umstrittensten Mediziner jener Zeit sein, aber unbestritten ein ausgewiesener Onkologe. Mechthild Bach bewunderte ihn: Hans Nieper.

Eingeschworene Anhänger der Komplementärmedizin halten ihn noch heute für ein Genie; bei Schulmedizinern stand er zeitlebens im Ruf eines hochintelligenten Scharlatans. Hans Nieper wuchs in einer hannoverschen Arztfamilie auf; Urgroßvater Ferdinand Wahrendorff war Gründer eines psychiatrischen Krankenhauses in Ilten bei Hannover. Bereits Niepers Promotion ließ ahnen, dass sich der junge Medizinstudent seine berufliche Zukunft nicht in einer kleinen Praxis auf dem Land erträumte. Anfang der Fünfzigerjahre beschäftigte er sich in seiner Doktorarbeit mit der sogenannten Boeckschen Krankheit und erklärte sie zu einer Autoimmunkrankheit. Konnte ein Immunsystem verrückt spielen und sich selbst schaden? Heute stellt niemand mehr diese Frage; damals wurde Nieper für seine Diagnose verlacht. Seiner Laufbahn als Verfechter einer alternativen Krebstherapie sollte dies nicht schaden.

Zwei Jahre lang arbeitete er am Freiburger Krebsforschungszentrum. 1958 wechselte er für weitere zwei Jahre ans Paul-Ehrlich Institut in Frankfurt. Den Sommer 1960 verbrachte er zum ersten Mal am Sloan-Kettering-Krebsforschungsinstitut in New York, dessen Wissenschaftler in den siebziger Jahren mit Forschungen über Laetrile, einem Bitterstoff, der unter anderem in Aprikosenkernen und Mandeln steckt, Furore machten.

Die Nachricht, die Substanz Laetrile könne möglicherweise Tumore am Wachstum hindern und die Bildung von Metastasen stoppen, heizte die Nachfrage nach diesem Wundermittel an, nicht nur in Amerika, auch in Deutschland. Von dem Boom profitierten vor allem Ärzte wie Hans Nieper, die den Einsatz von Zellgiften in der Krebstherapie als dritte Wahl zu Skalpell und Bestrahlung seit Längerem kritisch sahen und stattdessen auf nicht-toxische Substanzen wie Vitamine, Pflanzenextrakte, Insekten und Mineralien schworen, um die körpereigenen Abwehrmechanismen der Patienten gegen Krebs zu stärken.

Nieper fehlte es dabei nicht an Geschäftssinn. Im Laufe der Jahre entwickelte er Dutzende Naturheilverfahren wie die Autoimmun-Therapie, die Aufbereitung von Eigenblut mit Immunglobulinen, die noch heute von Heilpraktikern angeboten wird. Er experimentierte in seinem Labor in Aschaffenburg mit pflanzlichen Stoffen, kombinierte Mineralstoffe mit Vitaminen für die Krebstherapie, war Gastredner auf Kongressen und Mitglied unzähliger wissenschaftlicher Gesellschaften und Akademien.

Er warb zeitweilig für den Einsatz von Selen, Ananas und Beta-Carotinen und für spezielle Anti-Krebs-Diäten und behandelte Tausende Multiple-Sklerose-Patienten erfolgreich mit EAP-Salzen, die der deutsche Chemiker Franz Köhler entdeckt hat. Gemeinsam mit der Medizinischen Hochschule Hannover testete Nieper die Substanz auch bei chronischen Lungenerkrankungen und Diabetes. Die angeblich positiven Ergebnisse wurden nie veröffentlicht.

Den Namen für Niepers Denkschule lieferte Ende der sechziger Jahre ein Gleichgesinnter in Amerika, der Chemie-Nobelpreisträger Linus Pauling. Er erfand die »orthomolekulare Medizin«, die ausschließlich Substanzen biologischen Ursprungs verwendet. 1974 lernte Nieper den 73-jährigen Pauling bei einer Veranstaltung in Washington persönlich kennen. Beide verstanden sich auf Anhieb; beide waren erklärte Gegner der Pharma-Industrie, die die Medizin ihrer Ansicht nach aus purem Profitinteresse in die falsche Richtung treibt. Pauling war überzeugt, mit hochdosierten Vitaminpräparaten die meisten Krankheiten heilen zu können, was ihm den Spott der Wissenschaft einbrachte.

1990, acht Jahre vor seinem Tod, gründete Nieper mit Kollegen die Deutsche Gesellschaft für Onkologie, die sich noch heute für Naturheilverfahren als ergänzende Krebsbehandlung einsetzt.

Damals machte Nieper aus einem unscheinbaren Vorort von Hannover einen Sehnsuchtsort prominenter Hollywoodgrößen. Sein Ruf als unorthodoxer Krebsspezialist, der Laetrile im großen Stil einsetzt, war in Amerika legendär. Ende 1983 reiste der an Lungenkrebs erkrankte US-Schauspieler Yul Brunner nach einer mehrwöchigen Strahlentherapie mit seiner Familie nach Langenhagen, um sich in der Paracelsus-Klinik eine karottenbasierte Vitamin-Diät verordnen zu lassen.

John Wayne, Anthony Quinn, William Holden und Fred McMurrey folgten. Auch die Schwester des berühmten Pianisten Yehudi Menhuin wurde Niepers Patientin und vertraute auf die Infusionen in der Paracelsus-Klinik. Die Sängerin Nancy Sinatra lobte Hans Nieper als »fabelhaften Menschen, anerkannten Wissenschaftler und wunderbaren Arzt«. Nieper reiste angeblich sogar in die USA, um den an Darmkrebs erkrankten amtierenden US-Präsidenten Ronald Reagan heimlich zu behandeln. Reagan wurde 93 Jahre alt. Yul Brunner starb zwei Jahre nach seiner Karotten-Diät.

Aber auch weniger prominente Patienten pilgerten nach Langenhagen und zahlten viel Geld für Niepers Infusionen und Cocktails aus Vitaminen, pflanzlichen Substanzen und Mineralien. Fast immer ging es um Krebs. Einige kamen, um nach Operationen oder Therapien wieder zu Kräften zu kommen. Andere absolvierten das konservative Programm der Chemotherapie, ergänzt durch Nieper'sche Aufbaumittel aus der Natur.

Wenn der Chef auf Reisen war – was immer häufiger vorkam, seitdem er auch noch Präsident der Deutschen Vereinigung für Schwerkraft geworden war – musste sich die junge Oberärztin Bach um die Patienten auf der Station kümmern. Ein Sechzehn-Stunden-Tag war keine Seltenheit. Aber Mechthild Bach klagte nie. Sie lernte viel von Nieper, übernahm einige seiner Therapien und teilte seinen ganzheitlichen Blick auf die Patienten. Aber die Nährstoff-Cocktails, die sie verordnete, hat sie nie selbst angemischt. Das gute Verhältnis der beiden endete, als Mechthild Bach nach einem Unfall eine längere Zeit im Rollstuhl sitzen musste. Er zeigte wenig Verständnis für ihre Lage. Eine Auszeit seiner Assistenzärztin passte nicht in seine Pläne. Da er selten präsent war, musste sie von den Krankenschwestern im Rollstuhl zu den Notfallpatienten gefahren werden.

Bach war nicht die einzige Nieper-Schülerin in Langenhagen. Ein paar Jahre später tauchte ein zweiter Belegarzt auf der Station der Inneren Medizin auf, mit dem sich Bach nicht gut verstand. Joachim L. teilte mit Nieper vor allem das Talent der medialen Selbstvermarktung. Der niedergelassene Internist machte sich bundesweit einen Namen als Borreliose-Spezialist und warb – passend zum Klinikimage – mit alternativen Methoden. Patienten klagten später, sie hätten Zehntausende Mark für vermeintliche Wundermittel gezahlt. Am Ende seien es Infusionen mit den üblichen Antibiotika, versetzt mit Mineralien, gewesen.

Wenn Helden stürzen, kann es passieren, dass sie andere in ihrem Umkreis mitreißen. Der Internist L. wurde in gewisser Weise Bachs Verhängnis. Seine überaus erfolgreiche Laufbahn endete im Jahr 2003 überraschend mit seinem Rauswurf aus der Klinik. Einer der Assistenzärzte hatte ihn wegen Abrechnungsbetrugs bei den Krankenkassen angeschwärzt. 2009 wird er von der Wirtschaftsstrafkammer Hildesheim wegen Betrugs in 28 Fällen zu einer Haftstrafe von zwei Jahren auf Bewährung verurteilt. Außerdem muss er vier Mal im Jahr in öffentlichen Einrichtungen Vorträge über sein Spezialgebiet, die Borreliose, halten.

Der Richter hält dem Verurteilten zugute, dass er kein klassischer Betrüger sei – »sondern ein Arzt, der seine Praxis am Laufen halten wollte.« L. hatte sich Kredite erschlichen und war Millionen-Rechnungen schuldig geblieben. Die Tragödie von Mechthild Bach hätte es ohne den »Fall L.« womöglich nicht gegeben.

Und hätte es den »Fall L.« ohne die Paracelsus-Klinik gegeben? Verleitet das Belegarztsystem zum Betrug, wie die AOK Niedersachsen in jenen Jahren meint? Im April 2004 versucht die Klinikzentrale, den Imageschaden zu beheben, indem sie die Belegbetten auf der Station der Inneren Medizin in Langenhagen abschafft und Ärzte fest anstellt. Man sei überzeugt, dass den modernen Anforderungen einer qualifizierten Inneren Medizin in der Grundversorgung mit angestellten Ärzten am besten entsprochen werden könne, teilt das Unternehmen mit.

Im gleichen Jahr wird dem Firmengründer posthum ein kleines Denkmal gesetzt. Das Modell Praxisklinik wird (sage und schreibe) drei Jahrzehnte nach der Einführung gesetzlich abgesegnet. Eine Gesundheitsreform erlaubt erstmals die Zulassung Medizinischer Versorgungszentren und Modelle der Integrierten Versorgung. Im Geschäftsbericht vermerkt der Paracelsus-Klinikkonzern, Deutschland habe in den zurückliegenden Jahrzehnten die Trennung zwischen ambulanter und stationärer Akutmedizin nicht wirksam aufheben können. Es fehlten ausreichende wirtschaftliche Anreize und der Kooperationswille auf beiden Seiten. Die Paracelsus-Kliniken seien die große Ausnahme gewesen.

Aber auch die Erfolgsserie der Familie Krukemeyer endet irgendwann. Im Dezember 2017 stellen die Paracelsus-Kliniken beim Amtsgericht Osnabrück einen Antrag auf Insolvenz in Eigenverantwortung. Branchenkenner sprechen von Managementfehlern; Umstrukturierungen und eine Spezialisierung auf wenige Fachabteilungen seien aus Kostengründen über Jahre versäumt worden. Betroffen sind bundesweit vierzig Einrichtungen mit 5200 Mitarbeitern, darunter in Niedersachsen die Kliniken in Langenhagen und Osnabrück sowie eine Rehaklinik in Bad Gandersheim. Im April 2018 übernimmt die Schweizer Beteiligungsholding Porterhouse die Krankenhaus-Gruppe.

Eine Klinik zum Sterben

Das Jahr 1987 bringt für Mechthild Bach eine erfreuliche Wende. Seit Langem wünscht sie sich eine eigene Hausarzt-Praxis. Als nicht weit entfernt von der Klinik im Langenhagener Stadtzentrum ein neues Ärztehaus gebaut wird, macht sie sich selbstständig. 1987 ist das erste Jahr, in dem Ärzte fürchten müssen, in bestimmten Vierteln keine Zulassung als Kassenarzt zu bekommen, weil es bereits zu viele gibt. Bachs Antrag wird vom zuständigen Ausschuss der Kassenärztlichen Vereinigung problemlos genehmigt.

Am 14. Dezember lädt sie zu einer kleinen Eröffnungsfeier ein. Viele Bekannte, Verwandte, ehemalige Patienten, Krankenschwestern und Kollegen aus der Klinik schauen vorbei und gratulieren. Ihr Lebensgefährte, ein zwanzig Jahre älterer pensionierter Werbeleiter aus Mannheim, hat sich mit Sinn fürs Kreative um die Innenausstattung gekümmert. Hochgewachsen und weißhaarig zieht der passionierte Jäger die Blicke auf sich, wenn er einen Raum betritt. Der belesene Musikliebhaber, der sie gern »meine Leibärztin« nennt, ist ihr guter Geist. Er kümmert sich um den gemeinsamen Haushalt im 65 Kilometer entfernten Bad Salzdetfurth, einem im Hildesheimer Wald gelegenen Kurort. Er kocht für sie Kartoffelsuppe, wenn sie spät abends nach Hause kommt, organisiert Ausflüge mit

Freunden und verpasst kein klassisches Konzert in Hannover und Hildesheim. Manchmal findet sie die Zeit, ihn zu begleiten.

Ihre Arbeit und ihre Patienten haben Vorrang. Auch deshalb kommt für sie eine Heirat nicht infrage. »Es wäre nicht ehrlich«, vertraut sie einer Freundin an. Ihr Partner akzeptiert das. Auf Familie hat sie bewusst verzichtet. Sie will eine gute Ärztin sein, die Zeit für ihre Patienten hat. Zwei Mitarbeiterinnen gehören zum Praxisteam: eine Arzthelferin, die im Laufe der Jahre zu einer sehr guten Freundin wird, und eine ehemalige Krankenschwester aus der Paracelsus-Klinik.

Dem Krankenhaus bleibt Mechthild Bach treu. Nach vier Jahren als Oberärztin des prominenten Krebsarztes Hans Nieper, dem »Chefarzt der Medizin«, der durch die Welt reist und kaum noch in der Klinik auftaucht, ist sie nun selbst Belegärztin und ihre eigene Chefin. 25 Betten auf der Station der Inneren Medizin in der oberen Etage sind für ihre Patienten reserviert. Selten bleibt eins der Betten leer. Sie stellt zwei junge Assistenzärzte ein, die sich die Arbeit auf der Station teilen und nach ein oder zwei Jahren an eine andere Klinik weiterziehen. Zeitweilig beschäftigt sie auch zusätzlich zum Klinikpflegepersonal einen eigenen Krankenpfleger, der ihr bei Sonographien oder Endoskopien assistiert.

Nach wie vor nehmen Krebspatienten weite Wege in Kauf, um sich von ihr beraten und behandeln zu lassen. Es ist nicht nur Niepers Ruf, von dem sie profitiert. Es gibt bundesweit wenige Ärzte, die Naturheilverfahren mit konventioneller Krebstherapie kombinieren. Mechthild Bach tut es, aus Überzeugung. Sie firmiert mit ihrer Praxis als Internistin mit integrativ-onkologischem Schwerpunkt, was in den Achtzigerjahren noch ungewöhnlich ist. Dreißig Jahre später wird die Integrative Onkologie weitgehend akzeptiert sein. Sogar einige Unikliniken werden für ihre Krebspatienten Naturheilkunde-Ambulanzen einrichten. Mechthild Bach ist noch Außenseiterin und muss für ihre Patienten kämpfen, wenn es darum geht, die Kosten für eine Mistel-Therapie, für die Verordnung von Nährstoffen wie Selen und Zink oder für aufbauende Infusionen von der Krankenkasse bezahlt zu bekommen. Für ihren persönlichen Einsatz ist sie bekannt.

Es gibt einen weiteren Grund, warum nicht nur ihre Praxis, sondern auch die Station in der Klinik fast immer überfüllt ist. Im Jahr 1987 ist ein würdevoller Umgang mit Sterbenskranken kein öffentliches Thema. Es herrscht großes Schweigen. Wer im Krankenhaus stirbt – und das sind bis zu achtzig Prozent der Krebspatienten – wird in der Regel in den Waschraum oder den Abstellraum geschoben.

Große Kliniken versuchen, sterbenskranke Patienten, die nicht mehr therapierbar sind, an andere Kliniken weiterzureichen, um das Bett zügig für einen neuen Patienten freizubekommen. Die Hochleistungsmedizin feiert Fortschritte; mit der Betreuung unheilbar Kranker ist der Klinikbetrieb jedoch überfordert. Die Schmerzmedizin führt noch ein Schattendasein. Fachkräfte für die Behandlung von Schmerzen gibt es ebenso wenig wie eine häusliche Intensivpflege. Doch wohin mit todkranken Menschen?

Die Paracelsus-Klinik ist zwar für Intensivfälle nicht ausgestattet; Hausärzte und Rettungsdienste wissen das.

Aber die Langenhagener Klinik ist in der Region Hannover bekannt dafür, dass sie Sterbenskranke aufnimmt, die dort bis zu ihrem Tod gepflegt werden. Die Station von Mechthild Bach wird für die Kollegen zur festen Adresse, an die man sich wendet, wenn man Patienten loswerden will.

Mechthild Bach weist niemanden ab. Und sie vermittelt jedem Patienten, der zu ihr kommt, Hoffnung, auch wenn der Tod unausweichlich ist. Sie will, ganz im Sinne ihres christlichen Glaubens, Mut zusprechen und Zuversicht geben. Und wenn Patientinnen sich wünschen, ein letztes Mal am Strand von Mallorca zu sitzen, versucht sie, mit Hilfe von Schmerzmitteln den Ausflug möglich zu machen.

Einem der vielen Gutachter wird sie später erzählen, dass sie die Patienten selten über den vollen Umfang ihrer Erkrankung aufgeklärt habe, um die verbleibende Hoffnung nicht gänzlich zu zerstören. Es gebe Patienten, die wollten gar nichts wissen, die hätten »ihre Krankheit abgegeben«.

Auch die Entscheidung über den Abbruch von Therapien bespricht sie eher mit den Angehörigen. Die noch junge Palliativmedizin unterstützt ihr Vorgehen. Nicht bei jedem Patienten sei eine vollständige Aufklärung sinnvoll, heißt es. Wichtig sei eine zugewandte und mitfühlende ärztliche Betreuung.

So sieht es auch Mechthild Bach. Sterben gehöre nun mal zum Leben, sagt sie. Niemand könne den Tag des Todes bestimmen, aber niemand soll einsam und jeder soll angstfrei und schmerzfrei sterben. Jeder Mensch habe das Recht, seinen letzten Lebensabschnitt in Würde zu erleben. Für die letzten Stunden haben sie Einzelzimmer auf der Station eingerichtet. Sie schaut nicht weg. Sie steht am Bett, hält die Hand von Sterbenskranken. Viele von ihnen kennt sie bereits seit Jahren aus ihrer Praxis.

Ihre Richter wird sie später mit der Äußerung verstören, sie habe gespürt, wenn ein Patient dem Tode nah war. Wichtig sei es, dem Patienten Geborgenheit zu vermitteln, auch durch die in dieser Situation angemessenen medizinischen Maßnahmen. Die »Angemessenheit« wird man ihr nicht glauben. Ihr grenzenloses Engagement für den Beruf wird niemanden interessieren. Die Arbeit ist ihr Leben. Morgens ist sie zur Visite in der Klinik. Mittags fährt sie in ihre Praxis. Abends, nach der Sprechstunde, bietet sie Angehörigen sterbenskranker Patienten noch, wenn erwünscht, ein persönliches Gespräch an, oder sie fährt noch einmal in die Klinik. Bei Besprechungen um zehn Uhr abends, passiert es schon mal, dass ihr die Augen vor Müdigkeit fast zufallen. Trotz der hohen Belastung wirkt sie stets ausgeglichen, wird sich ein Pfleger später erinnern. Manche bewundern sie, weil sie immer ruhig ist, nie laut oder hektisch.

Auch nachts ist sie im Notfall erreichbar; nicht selten setzt sie sich noch ins Auto, fährt zurück nach Langenhagen und übernachtet in der Klinik. Die Anweisung kennt jeder Mitarbeiter, der mit ihr zu hat: Sie will über den Zustand jedes Patienten auf ihrer Station informiert sein, jede Veränderung ist sofort zu melden. Am Ende eines Quartals stehen auf dem Abrechnungsbogen im Schnitt tausend Patienten. Und für jeden nimmt sie sich

Zeit, was häufig die Geduld der Wartenden im Wartezimmer überstrapaziert.

Fürs Dokumentieren nimmt sie sich dagegen kaum Zeit. Ein Fehler, denn das Gesetz verlangt vom Arzt, alles zu notieren, von der Diagnose und den Befunden, über die Therapie und deren Verlauf bis zur Aufklärung des Patienten und dessen Einwilligungen. Auch die Gespräche mit Angehörigen protokolliert sie in der Regel nicht. Aus Prinzip, da sie der Ansicht ist, dass dieser Austausch vertraulich sein sollte. Auch Fortbildungsseminare hält sie für Luxus. Sie ist überzeugt, mit ihrer jahrelangen Erfahrung gut für den Umgang mit Sterbenden gerüstet zu sein. Eine sozialrechtliche Fortbildungsverpflichtung für Ärzte gibt es damals noch nicht. Sie ist eine Einzelkämpferin; es gibt kein Team, in dem sie sich regelmäßig berät. Die Gefahr der Überforderung ist groß. Urlaub interessiert sie nicht. Freie Tage gönnt sie sich selten. Geld ist Nebensache. Das werden ihr ein paar Herren von den Krankenkassen nicht glauben. Nach dem Motto: Wer so viel arbeitet, muss gierig sein.

Noch Jahre später erinnert man sich in der Praxis an jenen Tag, als sie morgens anruft und bittet, man möge ihr doch einen Abschleppwagen nach Misburg schicken. Es stellt sich heraus, dass sie auf der Autobahn kurz vor Hannover mit dem Auto verunglückt ist. Der Wagen hat einen Totalschaden, sie bleibt unverletzt. Glück im Unglück.

In der Praxis angekommen, macht sie sich frisch, setzt sich hinter ihren Schreibtisch und beginnt die Sprechstunde, als sei nichts geschehen. Freunde fragen immer wieder, warum sie sich diesen langen Arbeitsweg zumutet und nicht nach Hannover zieht. Sie winkt regelmäßig ab; verweist auf ihren Lebensgefährten, der in Bad Salzdetfurth viele Bekannte hat. Außerdem fühlt sie sich dort wohl; die Fahrten sind eine gute Gelegenheit, nachzudenken oder abzuschalten.

Einige Mitarbeiterinnen verehren sie; andere fürchten ihre Strenge, ihre Autorität. Sie duzt sich mit niemanden und die Disziplin, mit der sie ihr Pensum absolviert, verlangt sie auch von Ärzten, Krankenschwestern und Arzthelferinnen. Wenn irgendwo ein Tupfer rumliegt, der in den Abfalleimer gehört, wird sie harsch. Wenn sie über den Klinikflur geht, verstummen die Gespräche. Einige Ärzte beklagen, dass sie kaum etwas allein entscheiden dürfen, die Chefin häufig kurz angebunden ist und mit den Angehörigen immer selbst sprechen will. Es gibt im Laufe der Jahre einige Kollegen, die nicht mit ihr klar kommen und vorzeitig kündigen.

In den neunziger Jahren stellt sich ein neuer Kollege aus Osnabrück in der Klinik am Silbersee vor. Der renommierte Neurochirurg und Schmerzmediziner Wolfhard Winkelmüller wird nur wenige Jahre bleiben, da er die Arbeit als Operateur vermisst und bald schon ein attraktiveres Angebot des Friederikenstifts bekommt. Aber Wolfhard Winkelmüller lernt in dieser kurzen Zeit Mechthild Bach kennen. Er hält sie für eine schüchterne Frau, die eine allzu große Nähe zu ihren Patienten pflegt. Aber er schätzt sie als Ärztin, die ihr Fach versteht und weiß, was Patienten in der letzten Phase ihres Lebens an therapeutischer Hilfe bedürfen. Es geht um die medikamentöse Behandlung von Tumorschmerzen; keine allzu komplizierte Sache. Sollte man meinen. Sie sucht trotzdem des Öfteren seinen Rat. Sie vertraut ihm.

Im November 1999 feiert Mechthild Bach ihren fünfzigsten Geburtstag in einem italienischen Restaurant in Hildesheim. Viele Freunde sind eingeladen. Auch der Musikdirektor, der an diesem Tag erfahren hat, dass seine Tochter an Krebs erkrankt ist. Schweren Herzens hat er mit seiner Frau beschlossen, die Teilnahme an der Feier nicht abzusagen, um das Gastgeberpaar nicht zu verstören. Am späten Abend kündigt die Musikband mit einem lauten Tusch Damenwahl an und Mechthild Bach fordert den Kapellmeister unter großem Hallo der anderen Gäste zum Tanz auf. Nach den ersten Schritten fragt sie ihn leise, was ihn bedrücke. Sie bohrt so lange, bis er alles erzählt. Am nächsten Tag kümmert sie sich; organisiert Termine bei den Ärzten und wird bis zur Genesung der Tochter an der Seite der Familie sein.

2001 wird die Paracelsus-Klinik mit dem Niedersächsischen Qualitätspreis ausgezeichnet. Anfang 2003 versucht Mechthild Bach sich stärker auf ihre Arbeit als Internistin zu konzentrieren, auch um die Patientenzahl einzuschränken. Aber der Zulassungsausschuss der Kassenärztlichen Vereinigung lehnt ihren Antrag ab, von der hausärztlichen in die fachärztliche Versorgung zu wechseln. Als Grund wird auf die Überversorgung mit Internisten in der Region verwiesen. Ihre Qualifizierung wird allerdings nicht in Zweifel gezogen.

Kein Platz für lindernde Medizin

Ende der sechziger Jahre landete die Ärztin und Psychiaterin Elisabeth Kübler-Ross einen Welt-Bestseller. In Amerika erschienen unter dem Titel *Interviews mit Sterbenden* Gespräche mit mehr als 200 Todkranken, die sie in einer Chicagoer Klinik geführt hatte. In dem Buch unterteilt sie das Sterben in fünf Phasen: Dem Nicht-Wahrhabenwollen folgen Zorn, Verhandeln, Depression und Zustimmung. Das Standardwerk, das für eine emotionale Betreuung von Sterbenden wirbt, sollte die weltweite Hospizbewegung begründen. Dennoch dauerte es Jahrzehnte, bis der Umgang mit Sterbenskranken auch in Deutschland öffentliches Thema wurde.

Fritz Hartmann, Gründungsrektor der Medizinischen Hochschule Hannover, war einer der Ersten, die Ende der neunziger Jahre in einem kritischen Aufsatz fragten, ob die ethischen Grundsätze der Medizin noch stimmen. Die Intensiv-Medizin habe auf eine neue Weise die ärztliche Kunst der Prognose wiederbelebt, schreibt er. Die Frage, ob ein Patient ein noch möglicher Überlebender oder ein schon Sterbender ist, stelle sich neu. Der Arzt müsse mehr denn je die »Sterbenden-Kunde« beherrschen und das Fortschreiten des Sterbevorgangs erkennen, um entscheiden zu können, wann der Zeitpunkt gekommen ist, eine

Therapie mit Antibiotika, Zytostatika oder Kreislaufmitteln abzubrechen und stattdessen Infusionslösungen mit Mineralien und Kalorienträgern sowie angstlösende und schmerzstillende Mittel wie Opiate zu geben.

Der Autor geht auch auf den Vorwurf ein, Morphium beschleunige das Sterben. Seine Antwort: »Das Sich-Quälen mit Schmerzen und das, wie wir zu Recht im Alltag sagen – Vergehen vor Angst und Panik – zehrt die letzten Lebenskräfte zusätzlich zur tödlichen Krankheit auf.«

Seine medizinischen Lehrer, die noch ohne Cortison, Zytostatika und Antibiotika den Beruf erlernten, hätten gesagt: Ohne Morphium möchte ich kein Arzt sein! Den Begriff »Sterben in Würde« hält Hartmann für untauglich in der Debatte, da sowohl die Befürworter, als auch die Gegner einer Hilfe zum Selbstmord sich auf die Würde des Patienten berufen. Seine Ausführungen schließt der Mediziner Hartmann mit einem Plädoyer für die Einrichtung von Sterbezimmern in Krankenhäusern, in denen auch Angehörige nachts bleiben können. Jede Krankenstation sollte auf diese Weise ein Hospiz im Krankenhaus sein. Für »heillos Tumorkranke« empfiehlt er die Gründung von Palliativstationen und zitiert einen Medizinhistoriker: »Der Arzt soll nicht nur Blut stillen; sondern auch Tränen trocknen.«

Wolfhardt Winkelmüller dürfte der Artikel gefallen haben. Der leitende Arzt der Neurochirurgie am Friederikenstift in Hannover, der ein paar Jahre lang als Kollege von Mechthild Bach in der Paracelsus-Klinik gearbeitet hat, streitet 2001 für eine Idee. Er legt sich mit seinem Klinikvorstand an, schreibt an die Ärztekammer und die

Krankenkassen und schickt Bittbriefe an Landesbischöfin Margot Käßmann, Bundesbildungsministerin Edelgard Bulmahn und dem niedersächsischen Finanzminister Heiner Aller. Darin ist sinngemäß zu lesen, dass er nicht länger hilfloser Helfer sein wolle, wenn Tumorpatienten ohne Aussicht auf Heilung leiden. Er wünsche sich Geld für eine »lindernde Medizin«, die Sterbenskranke in den Hospitälern begleitet statt sie allein zu lassen.

Palliativmedizin heißt diese britische Erfindung, auf die Patienten in Frankreich im Jahr 2001 bereits einen gesetzlichen Anspruch haben, während in deutschen Kliniken noch im Badezimmer oder auf dem Flur gestorben wird. »Die Palliativmedizin bejaht das Leben und sieht Sterben als einen natürlichen Prozess«, heißt es in der Satzung der gerade erst gegründeten Deutschen Gesellschaft für Palliativmedizin. Es ist eine klare Botschaft an jene, die mutmaßen, es handele sich dabei um aktive, und damit verbotene Sterbehilfe.

Der Neurochirurg Winkelmüller wird kurz vor dem Ende seiner langen Klinikkarriere zu einem überzeugten Anhänger der neuen Richtung. Im Laufe der Jahre hat er zwangsläufig gelernt, mit dem Tod von Patienten professionell umzugehen. Er weiß, dass die Medizin Grenzen hat – doch dann erkrankt eine gute Freundin der Familie an Krebs und erlebt jenes Martyrium, das viele Tumorpatienten durchleiden. Sie wird mehrfach operiert, bestrahlt und über Infusionsschläuche mit Zellgiften vollgepumpt. Doch der Tumor wächst weiter. Die Ärzte haben sie längst aufgegeben; dennoch wird sie von einer Klinik zur nächsten verschoben. Sie ist am Ende ihrer Kräfte, leidet unter Schmerzen und plagt sich mit Ängsten, als die nächste Chemotherapie verordnet wird.

Als Neurochirurg weiß Winkelmüller, wie man Schmerzen dämpft. Er ist erfahren im Umgang mit Opiaten, die viele Ärzte aus Unkenntnis meiden, und er ist Experte, wenn es darum geht, Morphium über ein selbst entwickeltes Gerät direkt ins Nervenwasser zu pumpen. Er organisiert im Friederikenstift, ein Diakonie-Krankenhaus, auf der Station eines Kollegen ein Bett für die Schwerkranke und behandelt sie mit Schmerzmedikamenten. Eine Pastorin begleitet die Sterbende seelsorgerisch.

In jenen Tagen beschließt Wolfhardt Winkelmüller, für eine Palliativ-Station in Hannover zu kämpfen. Bundesweit bieten erst fünfzig von 2242 Krankenhäusern zwei oder drei palliativmedizinische Betten an. Und in Niedersachsen? Fehlanzeige. Bei einer Umfrage erklären 27 Kliniken, sie planten, sich palliativ zu engagieren und Betten vorzuhalten. Aber es sind bislang nur Pläne, und ohne gesicherte Finanzierung.

Einzig im Süden des Landes macht um die Jahrtausendwende ein vielversprechendes Modellprojekt unter dem Titel »Support« vorübergehend von sich reden. Initiiert von der niedersächsischen Ärztekammer, gefördert vom Bundesgesundheitsministerium haben Ärzte, Pflegekräfte und Psychologen in der Göttinger Region ein sogenanntes Palliative-Care-Team gegründet, das Tumorpatienten zuhause und in der Klinik aufsucht und rund um die Uhr für Hausärzte, Patienten und Pflegedienste erreichbar ist. Für vier Jahre ist die Finanzierung des Einsatzes gesichert. Und dann? Ginge es nach Ruhm und guten Noten, dürfte die künftige Finanzierung kein Problem sein. Fünf Preise hat das Projekt bereits erzielt; zwei der Laudatoren sind Krankenkassen. Ein gutes Zeichen?

Keineswegs. Im Dezember 2001 hat Wolfhardt Winkelmüller als Vorsitzender des Freundeskreises Friederikenstift zu einem Symposium in die Klinik eingeladen. Auf dem Podium sitzt die AOK-Chefin Christine Lüer neben dem Vizepräsidenten der Evangelischen Kirche, Hermann Barth, einem Vertreter des Göttinger Modellprojekts und dem Präsidenten der jungen Deutschen Gesellschaft für Palliativmedizin, Eberhard Klaschik. Rund 140 Gäste, darunter viele Ärzte, Politiker und Pflegekräfte, sind erschienen, um engagiert über die Zukunft der Palliativmedizin zu diskutieren. Am Ende dämpft die Krankenkassenmanagerin jeglichen Optimismus im Saal. Eine Finanzierung der Palliativmedizin zulasten der Versichertengemeinschaft sei ausgeschlossen, sagt AOK-Chefin Lüer. Schließlich seien die Krankenkassen vom Gesetzgeber gehalten, nur jene Leistungen zu bezahlen, die unter ökonomischen Gesichtspunkten vertretbar sind.

Ist die professionelle Begleitung von Sterbenden rausgeworfenes Geld? Wird mit der Palliativmedizin »das Maß des Notwendigen«, wie es im Sozialgesetzbuch heißt, überschritten? Ein paar Jahre später wird Christine Lüer übrigens vor Gericht stehen, weil sie nicht besonders geizte, als sie sich selbst stattliche Sonderzahlungen genehmigte. Nach der Veranstaltung wird sich Klaschik bei seinem Kollegen Winkelmüller beschweren: So etwas wie in Hannover habe er noch nicht erlebt. »Das wird wohl nichts in Niedersachsen!«

Klaschiks Prognose ist falsch. Aber Wolfhardt Winkelmüller und seine Mitstreiterinnen vom Friederikenstift brauchen einen langen Atem. 2002, nach unzähligen Benefizveranstaltungen, gelingt es ihnen, einen ambulanten Palliativdienst in Hannover aus Spenden zu finanzieren. Im gleichen Jahr, in dem die Weltgesundheitsorganisation WHO erstmals Palliative Care als wichtige Handlungsoption der medizinischen Versorgung hervorhebt. 2003 tagt zum ersten Mal ein »Runder Tisch Palliativ und Hospiz« der Region Hannover, an dem fortan Pfleger und Ärzte regelmäßig über Probleme beraten. 2004 wird im Friederikenstift die erste Palliativ-Einheit von der Landesbischöfin eingeweiht – mit zunächst drei, dann vier Betten. Das Mobiliar wird über Spenden finanziert.

Im gleichen Jahr führen einige medizinische Fakultäten Palliativmedizin als Pflichtfach ein. Fachärzte bekommen erstmals die Chance, sich in Palliativmedizin zu spezialisieren. Aber es sollte noch weitere fünf Jahre dauern, bis Bundestag und Bundesrat eine Änderung der Approbationsordnung beschließen.

Seit 2014 muss jeder Medizinabsolvent einen Leistungsnachweis über die »lindernde Medizin« vorlegen. Die neben der Ausbildung ebenso wichtige Frage der Finanzierung der Sterbebegleitung ist erst dreizehn Jahre nach jener Podiumsdiskussion in Hannover gesetzlich geregelt. Seit 2014 wird die Palliativversorgung im Krankenhaus wie die Blinddarmoperation oder der Einsatz eines Herzkatheters von den Krankenkassen mit festen Fallpauschalen finanziert, egal wie lange ein Patient im Sterben liegt und wie behandlungsbedürftig seine Schmerzen sind.

Neurochirurg Winkelmüller, mittlerweile in Rente, kann stolz auf das Erreichte sein. »Jeder Mensch hat ein Recht auf ein Sterben unter würdigen Bedingungen«, heißt es in der Charta zur Versorgung schwerkranker und sterbender Menschen, die 2010 von mehr als fünfzig Gesundheitsorganisationen verabschiedet wird.

Die Hetzjagd beginnt

Geld für die Palliativmedizin? Die Krankenkassen plagen sich kurz vor der Jahrtausendwende mit anderen Problemen. Vorgetäuschte Behandlungen an längst verstorbenen Patienten, überteuerte Preise für Billig-Zahnersatz aus Fernost, Herzspezialisten, die bei der Abrechnung mit der Krankenkasse Millionen-Rabatte verschweigen, und Augenoptiker, die Brillen-Rechnungen im großen Stil manipulieren – in der Gesundheitsbranche wird abgezockt, mit geradezu krimineller Energie. So sieht es jedenfalls die AOK Niedersachsen und schlägt Alarm.

1998 gründet die mitgliederstärkste Krankenkasse in Niedersachsen eine Untersuchungsgruppe namens »Falschabrechnungen«, um den »Abzockern in Weiß« das Handwerk zu legen. Sechzig Betriebs-, Innungs- und Landwirtschaftskassen schließen sich der bundesweit ersten Initiative dieser Art an. Chef der Ermittlergruppe wird Peter Scherler, der seine acht Mitarbeiter gern »die Trachtengruppe« nennt, wenn sie mal wieder zu einer Razzia ausrücken.

2001 legt Scherler publikumswirksam eine erste stattliche Bilanz vor: 1300 Verfahren sind anhängig, 370 allein in Niedersachsen binnen eines halben Jahres. Jeden Tag kommen zwei neue Verdachtsfälle hinzu, berichtet

AOK-Chefin Christine Lüer den geladenen Pressevertretern. Den Schaden der Versichertengemeinschaft durch Betrug und Missbrauch schätzt sie in Niedersachsen auf fünfzig Millionen Mark. Dies sei nur die Spitze des Eisbergs. Glaubt man dem AOK-Ermittler, ist niemandem zu trauen, weder Patienten, noch Ärzten, Krankenhäusern, Laboren, Apothekern, Sanitätshäusern, Reha- und Pflegeeinrichtungen. Ja, sogar Hebammen sind korrupt.

Zu den Spitzenmitarbeitern von Peter Scherler gehört Manfred Schwartau, Leiter der Abteilung Kardiologie beim Medizinischen Dienst der Krankenkassen (MDK) in Niedersachsen. Aus einer Herzklinik ist der Kardiologe vor Jahren im Unfrieden geschieden, nachdem er die Krankenhausleitung fälschlicherweise der fahrlässigen Tötung von Patienten durch Nachlässigkeiten bei der Klinikhygiene beschuldigt hatte. Seitdem widmet er sich nicht mehr den Kranken, sondern mit Verve den Ärzten. Als sozialmedizinischer Gutachter ist er nun Experte, wenn es darum geht, kriminelle Machenschaften in Praxen und Kliniken aufzuspüren. Seine Aufgabe verfolgt er mit missionarischem Eifer. Im Laufe der Jahre hat er sich eine Indizien-Liste angelegt, die die Jagd nach Betrügern erleichtert: hohe Patientenzahlen (aus Geldgier), schlechte Dokumentationen (um Unregelmäßigkeiten zu kaschieren), Belegarztsysteme (um lukrative Klinikaufenthalte bei den Krankenkassen abzurechnen).

Ende der neunziger Jahre feiert er seinen vorerst eindrucksvollsten Erfolg. Bei der bundesweiten Überprüfung von 75 niedergelassenen Kardiologen, fast der kompletten Branche, und ihren Lieferfirmen bringt die MDK-Truppe etliche Mediziner wegen systematischen Rabattbetrugs bei Kathetern und Stents vor Gericht. Den größten Fang machen sie in Hannover; ein Kardiologe muss am Ende des Verfahrens 4,8 Millionen Mark an die Krankenkassen zurückzahlen. Für Herzspezialisten ist Manfred Schwartau fortan ein rotes Tuch. Er sei kein qualifizierter Gutachter, sondern ein »Vollstrecker, mit dem Ziel, Kollegen zu vernichten«, schimpfen einige von ihnen in einem *stern*-Bericht. Für Peter Scherler ist der vermeintliche Rächer im weißen Kittel eine Geheimwaffe.

Im Februar 2003 rücken Schwartau und sein Kollege Andreas Zips aus, um in der Paracelsus-Klinik in Langenhagen im Auftrag der AOK wieder einmal Krankenakten zu durchforsten. Anlass ist der Verdacht, dass der Belegarzt und Borreliose-Spezialist Joachim L. auf seiner Station Patienten behandelt und bei den Kassen abrechnet, die eigentlich weitaus preiswerter ambulant versorgt werden könnten. Die Recherche der beiden Ermittler bestätigt einige der Vorwürfe. Ihr Abschlussbericht veranlasst die Klinikleitung, den Belegarztvertrag mit Joachim L. sofort zu kündigen. Die AOK stellt Strafanzeige.

Eigentlich haben die beiden Gutachter ihren Auftrag damit erledigt. Aber die AOK legt nach. Chefermittler Scherler hat gehört, dass es auf der Station der Inneren Medizin weder einen Notfallkoffer, noch einen Defibrillator geben soll. Außerdem ist der AOK aufgefallen, dass viele ihrer Versicherten auf der Station am Silbersee in den vergangenen Jahren verstorben sind. Mehr als in anderen Krankenhäusern in der Region. Und, nicht zu vergessen – der eifrige Manfred Schwartau hat wieder einmal nachgezählt: Die Internistin Bach behandelt tausend Patienten im Quartal. Unmöglich! Meint der MDK-Experte. Eine Umfrage unter Hausärzten in ländlichen Regionen hätte ihn zwar eines Besseren belehrt. Nicht wenige haben überfüllte Wartezimmer und erreichen vergleichbare Patientenzahlen. Aber Manfred Schwartau findet gern, was er sucht, und blendet dagegen aus, was nicht in seine Pläne passt. Sein Auftritt vor Gericht wird vielen später als ein verstörendes Beispiel für Verbohrtheit und Selbstüberschätzung in Erinnerung bleiben.

Manfred Schwartau und sein Kollege Andreas Zips verlängern ihren »Besuch« in Langenhagen, um weitere Unterlagen zu prüfen. Die Klinikleitung hat ihnen ein abgelegenes Zimmer auf der ersten Etage zugewiesen, wo es keine Betten-Station, sondern nur Büros gibt. Schwartau wird später vor Gericht monieren, dass ihnen nach ein paar Tagen zwei »Aufpasser« an die Seite gestellt wurden. Er wird sich auch, leicht erregt, an leere Klinikflure und eine geheimnisvolle Stille erinnern. Alle Türen seien verschlossen gewesen; sogar beim Gang zur Toilette fühlt er sich überwacht. Eine Woche lang sieht er keinen Arzt auf der Etage, keinen Rettungswagen, keinen Rettungshubschrauber. »Das war da wie tot!« Auch das Auto von Mechthild Bach, das er damals anscheinend bereits kennt, habe so gut wie nie auf dem Parkplatz gestanden. Eine Bemerkung, die offensichtlich nahelegen soll, dass sich die Ärztin nicht um ihre Patienten in der Klinik gekümmert hat. Manfred Schwartau wird in den vielen Jahren der Einzige sein, der Mechthild Bach unterstellt, ihre Arbeit vernachlässigt zu haben.

Bei ihren weiteren Ermittlungen stoßen Schwartau und Zips auf die Krankenblätter von zwei verstorbenen Patienten, die in den Tagen kurz vor dem Tod Morphium und den angstlösenden Wirkstoff Diazepam gespritzt bekamen. Beide sind allerdings nicht von Joachim L. behandelt worden, sondern von Mechthild Bach, der Belegärztin von Station 5. Da ihre 25 Betten in der oberen Etage, wie so oft, belegt sind, wurden die beiden Patienten nach unten zum Kollegen verlegt. Opiate? In einem Fall ist als Eingangsdiagnose Schwindel vermerkt. Im anderen Fall liest Schwartau etwas über Gürtelrose. Ihm schwant Fürchterliches. Er ist überzeugt, einer großen Sache auf der Spur zu sein. Kein üblicher Wirtschaftsbetrug, sondern Totschlag aus Habgier? Ist die Paracelsus-Klinik eine Sterbeklinik und Mechthild Bach eine gerissene Sterbehelferin?

Vielleicht hätte ein Gespräch mit der Ärztin für Aufklärung gesorgt. Aber Manfred Schwartau denkt gar nicht daran, weitere Informationen zu sammeln oder im Haus nachzufragen. Sein Urteil steht fest: Er hat es mit einer Kriminellen zu tun. Er informiert AOK-Chefermittler Scherler. »Ich war überrascht und erschüttert, als ich von den Diskrepanzen zwischen Diagnose und Therapie hörte«, sagt dieser später. Morphium und Beruhigungsmittel gegen Gürtelrose? Er beauftragt Schwartau, ein Gutachten zu schreiben. Dieser macht sich an die Arbeit.

Mit einem Tempo, das Utz Wewel, Verwaltungsdirektor der Paracelsus-Klinik fassungslos macht. Am 15. Mai werden den beiden Kassenprüfern wunschgemäß die Akten von neun verstorbenen Bach-Patienten der vergangenen zwei Jahre übergeben. Um zwölf Uhr mittags ist der

Justiziar der örtlichen Kassenärztlichen Vereinigung (KV) am Telefon und bittet Verwaltungschef Wewel, sofort zu einer Unterredung bei ihm im Büro vorbeizukommen. Das Treffen findet auf Wunsch der AOK statt, die in der KV-Bezirksstelle mit einem Container voller Akten angereist ist. »Die AOK ist bei uns sehr forsch. Wir prüfen deshalb alles sehr genau«, begründet KV-Geschäftsführer Axel Frommel später das Herbeizitieren von Klinik-Chef Wewel, der überrascht ist, auf die MDK-Prüfer, die er bereits kennt, und AOK-Ermittler Peter Scherler zu stoßen.

Auf dem Konferenztisch sind Patientenunterlagen ausgebreitet. Scherler führt das Wort und beschuldigt Mechthild Bach schwer. Utz Wewel findet den Vorgang »unwürdig gegenüber der Ärztin«; auch Frommel mag die massiven Vorwürfe nicht sofort bewerten. Beide brechen das Treffen ab. Wewel verweigert in den nächsten Tagen die Herausgabe von Unterlagen über weitere neun Patienten und schreibt stattdessen einen Beschwerdebrief an die MDK-Spitze. Darin äußert er die Vermutung, dass die Prüfer von Anbeginn die Absicht hatten, ohne Anhörung der Ärztin ein Strafermittlungsverfahren in Gang zu setzen. Auf sein Schreiben bekommt er keine Antwort. Diese Ignoranz wird fortan zur Regel. Man hat in der MDK-Zentrale anderes zu tun.

Das erste Gutachten, das Mechthild Bach schwer belastet, ist schnell geschrieben. Manfred Schwartau braucht gerade einmal vier Tage, um einen 56-seitigen Bericht über drei Bach-Patienten aufzusetzen und der AOK-Landesdirektion zu schicken. Ein zweites Gutachten über weitere drei verstorbene Patienten folgt Anfang Juli. Andreas

Zips wird jedes Mal als Mitverfasser vermerkt; weitere drei MDK-Fachärzte unterschreiben das erste Gutachten zwei Tage später mit dem Vermerk »Einverstanden aufgrund eigener Urteilsfindung«. Am Ende sind es neun Unterschriften. Die Schnelligkeit, mit der man sich einig ist, überrascht. Nach den Sprintern in Sachen Urteilsfindung wird Ende des Jahres übrigens ein Marathonläufer an den Start gehen, der seine Auftraggeber Jahre auf ein endgültiges Ergebnis warten lässt. Weder Schwartau noch einer der anderen Ärzte hält es für nötig, mit Mechthild Bach zu sprechen. Sie ist bestürzt und versteht die Welt nicht mehr. Normalerweise würde man doch mit der Kollegin reden – warum nicht in diesem Fall?

Bach sucht sich einen Anwalt, der im Arzthaftungsrecht erfahren ist. Der Münchener Klaus Ulsenheimer übernimmt das Mandat. Sein erster Kommentar: Es sei schon seltsam, wie man als Gutachter in wenigen Tagen umfangreiche Krankenunterlagen studieren und »eigenständig« beurteilen kann. Er zweifelt die Wissenschaftlichkeit des Gutachtens, »ohne Literaturangaben«, an. Die AOK drückt weiter aufs Tempo. Gespräche mit der Beschuldigten werden weiterhin abgelehnt. Am 22. Mai erstattet die Krankenkasse Anzeige wegen des Verdachts auf unterlassene Hilfeleistung, fahrlässige Tötung und Totschlag in drei Fällen.

Die Begründung? Die AOK-Ermittler werfen Bach vor, beim Einsatz von Morphium »massiv gegen Regeln der Heilkunst« verstoßen zu haben. Der krebskranke Wolfgang S. sei durch eine Kombination aus Morphium und Valium (mit dem Wirkstoff Diazepam) zu Tode gekommen – »eine Art Sterbehilfe«. Ansonsten hätte Wolfgang S. noch Monate, auch ohne Chemotherapie und Bestrahlung, leben können. Ein Hamburger Onkologe wird später vor Gericht von einer ausweglosen Lage sprechen: »Man hätte nicht sagen können, was man zuerst operieren sollte.«

Bei dem 63-jährigen Patienten Günther B. sei eine lebensbedrohliche Herz-Rhythmus-Störung nicht behandelt worden, stattdessen seien hohe Dosen Opiate verabreicht worden, die zum Atemstillstand führten. Auch das Leben von Christa D., die angeblich nur unter einer Gürtelrose litt, hätte gerettet werden können. Dieser Fall wird später noch vor dem Prozess mit dem Vermerk »natürlicher Tod« zu den Akten gelegt. Und das Motiv? Gutachter Schwartau wirft Bach vor, die Behandlung der Patienten aus Kostengründen abgebrochen zu haben.

Die Staatsanwaltschaft Hannover leitet ein Ermittlungsverfahren gegen Mechthild Bach ein. Nach der Warnung der AOK-Ermittler, die Ärztin könnte Beweismaterial verschwinden lassen, lässt Oberstaatsanwältin Regina Dietzel-Gropp am 23. Juni die Praxis und die Klinik durchsuchen. Mit dabei die beiden MDK-Gutachter Schwartau und Zips.

Die Akten der drei angeblich getöteten Patienten und die Sterbeliste der vergangenen drei Jahre in der Klinik werden beschlagnahmt. Bereits am nächsten Tag sind die Beamten erneut da und nehmen die Akten von weiteren Patienten mit. Insgesamt geht es nun um 78 Fälle. Es sind jene, die laut Sterbeliste seit 2000 kurz vor dem Tod Morphium-Spritzen bekamen. Es wird die »Ermittlungsgruppe

711.35« beim zentralen Kriminaldienst in Hannover eingerichtet. Zwei Leichen werden exhumiert. Bei weiteren Patienten ist dies nicht mehr möglich, da sie feuerbestattet wurden.

Zwei Wochen später zieht Bachs Arzthelferin ein Schreiben aus dem Faxgerät, in dem die Bezirksregierung Hannover ein sofortiges Berufsverbot anordnet. Die Behörde hat entschieden, ihr bis auf Weiteres die Approbation zu entziehen. Die Begründung: unrechtmäßige Sterbehilfe in fünf Fällen. Auch die Bezirksregierung gibt ihr keine Chance, sich mündlich zu erklären. Die Anhörungsfrist, die man ihr ursprünglich gewähren wollte, wird vorzeitig aufgekündigt. »Nach dem gegenwärtigen Verfahrensstand ist es wahrscheinlicher, dass die Internistin strafrechtlich belangt wird, als dass sie straffrei ausgehen werde«, schreibt die Behörde. Das Wartezimmer ist voll. Was soll sie sagen? Mechthild Bach beschließt, den Tag zu Ende zu bringen, als sei nichts geschehen. Niemand wird nach Hause geschickt.

Und sie beginnt zu kämpfen. Sie gibt Interviews, versucht ihr Vorgehen und ihre Überzeugungen zu erklären. Sie fragt, warum ihr von den zuständigen Behörden und Krankenkassen das Recht auf Gehör verweigert wird. Doch die öffentlichen Auftritte erreichen das Gegenteil. Die Boulevardpresse fühlt sich bestätigt. Wirkt diese Frau nicht unnahbar und überheblich – wie »ein Todesengel«?

Mechthild Bach klagt gegen den Beschluss der Bezirksregierung. In der Begründung schreibt sie: »Die Gabe von Morphin bedeutet nicht gleich sterben.« Häufig werde seine angstlösende Wirkung vergessen, bei Lungenmetastasen nehme es beispielsweise sehr gut die Angst vor dem Ersticken. Die Dosierung sei dabei immer individuell. Im September weist das Verwaltungsgericht Hannover die Klage ab. Es sei zu befürchten, dass Bach »auch in Zukunft bei Ausübung ihres ärztlichen Berufs Patienten und die Allgemeinheit schädigen werde, da sie ihr ärztliches Vorgehen für richtig hält«. Mechthild Bach fühlt sich ohnmächtig. Könnte es sein, dass das Ganze doch mehr als nur ein böser Traum ist?

Anfang Oktober beenden die Paracelsus-Klinik und Mechthild Bach einvernehmlich ihre zwanzigjährige Zusammenarbeit. Es ist der Versuch, die Bezirksregierung nachsichtig zu stimmen. Bachs Anwalt bietet dem Oberverwaltungsgericht einen Vergleich an: Die Belegabteilung in der Klinik wird in eine »normale« Hauptabteilung umgebaut und seine Mandantin wird sich nur noch um ihre Praxis kümmern. Das Angebot wird abgelehnt. Das Berufsverbot bleibt bestehen.

Viele ihrer Patienten schreiben ihr und sprechen ihr Mut zu. Sie organisieren eine Demonstration durch Langenhagen und sammeln Unterschriften. Eine Solidaritätsaktion für eine Ärztin? Ein seltener Vorgang. Aber es gibt auch hämische Stimmen, die sagen: Die hat's verdient! Soziale Netzwerke wie Facebook sind zu dieser Zeit zwar noch nicht erfunden, aber anonyme Drohungen lassen sich auch anders verbreiten. Beim Verwaltungsgericht geht ein Fax ein, in dem Mechthild Bach vorgeworfen wird, trotz Berufsverbot Tag für Tag abends und nachts als Ärztin tätig zu sein. »Diese uneinsichtige Ärztin hat nachgewiesenermaßen Hunderte Patienten getötet und ermordet«, heißt es in dem kurzen Schreiben, das mit »die cleveren Patienten« unterschrieben ist.

Im November beschwert sich ein Langenhagener Anwalt bei der Staatsanwaltschaft Hannover, dass Mechthild Bach noch nicht in Untersuchungshaft genommen wurde. Eine Sprecherin der Staatsanwaltschaft erklärt der Presse, alle beteiligten Gutachter würden von fehlerhaften Behandlungen ausgehen – was nachweislich nicht stimmt. Nur ein Kollege ergreift das Wort und unterstützt Mechthild Bach öffentlich. Wolfhardt Winkelmüller, der Neurologe, der sie aus der gemeinsamen Zeit in der Paracelsus-Klinik kennt, kritisiert in einem Zeitungsinterview die Vorwürfe als haltlos. Aber sein Zwischenruf bleibt folgenlos. Er passt wohl nicht in die allgemeine Stimmung.

Bachs Versuch, den Praxisbetrieb mit Vertretern aufrecht zu halten, wird immer schwieriger. Einem jungen Vertreter schickt sie nach einem Streit ein Kündigungsschreiben per Post. Er verweigert die Annahme, um am darauffolgenden Tag selbst zu kündigen und seine »Chefin« bei der Staatsanwaltschaft der unerlaubten Berufsausübung zu bezichtigen. Sie praktiziere weiter, trotz Berufsverbot, schreibt er. Die Kripo ermittelt und schaut in der Praxis vorbei. Eine Ärztin aus Dresden bricht die Vertretung bereits nach zwei Tagen ab, weil sie sich mit dem Ansturm so vieler Patienten überfordert fühlt.

Für Mechthild Bach hat der Albtraum gerade erst begonnen. Einem Bürger die Freiheit zu nehmen, sollte für den Staat Ultima Ratio sein, lautet ein Grundsatz. Solange er noch nicht rechtskräftig verurteilt ist, gilt er als unschuldig.

Am 18. Februar 2004 um 6.40 Uhr, neun Monate nach der Strafanzeige, werden sie und ihr Lebensgefährte aus dem Schlaf geklingelt. Vor der Haustür in einer ruhig gelegenen Wohnstraße in Bad Salzdetfurth stehen vier Kriminalbeamte mit einem Haftbefehl. Sie bringen Bach erst ins Amtsgericht nach Hannover. Ein hannoverscher Anwalt, der herbeieilt, versucht zu retten, was zu retten ist. Er erhebt Einspruch, argumentiert. Es gebe keinen Haftgrund, weder bestehe Wiederholungsgefahr, noch Verdunklungsgefahr, noch Fluchtgefahr. Vergeblich.

Danach geht es weiter in die JVA an der Schulenburger Landstraße in eine Vier-Bett-Zelle. Am nächsten Tag beantragt ihr Anwalt die Verlegung in eine Einzelzelle – aus gesundheitlichen Gründen, da sie Nichtraucherin ist und da sie sich mit den Akten beschäftigen will. Einmal in der Woche besucht sie ihr Lebensgefährte. Ihre Arzthelferin muss zehn Tage warten, bis sie eine Besuchserlaubnis bekommt. Die Begegnung wird sie nicht mehr vergessen. Ihre Chefin weint; sie weint; die Taschentücher sind ihr zuvor abgenommen worden. Vor der JVA demonstriert erneut eine Gruppe ehemaliger Patientinnen.

Der Anlass für die Verhaftung ist ein Gutachten eines Bochumer Anästhesisten, das die Staatsanwaltschaft in Auftrag gegeben hat. Es ist bereits der siebte Mediziner binnen zehn Monaten, der sich als Spitzenexperte zum »Fall« äußert. Drei Gutachten hat die AOK in Auftrag gegeben, eins hat die Klinik angefordert, zwei Sachverständige wurden von Bachs Anwälten befragt. Doch die Stellungnahme des Klinikarztes Michael Zenz aus Bochum zu elf Patientenakten schlägt ein wie eine Bombe.

Der *Spiegel* bekommt das noch geheime Dokument zugespielt; vermutlich von der Krankenkasse oder dem Autoren selbst.

Der Magazinbericht liest sich, als sei das Urteil »im wohl größten Todesermittlungsverfahren der deutschen Medizingeschichte« bereits gefällt – erlassen vom »Palliativpapst« Zenz, der von einer »völlig unkontrollierten Therapie«, von einem Verstoß gegen die Grundlagen der Tumorschmerztherapie und von »völlig unangemessenen« Dosierungen von Morphium und Valium spricht. Sieben der elf Patienten hätten »den sanften Totmacher vom Tropf« gar nicht bekommen dürfen. Ein Sprecher der AOK ergänzt: »Dieser Fall hat nichts mit Schmerztherapie zu tun.« Die Zeitungen sind schockiert: »Es ist nicht abzusehen, wie oft sich die Ärztin in 20 Jahren als Herrin über Leben und Tod aufgespielt haben könnte«, schreibt das *Hamburger Abendblatt*. Der renommierte *Spiegel* hat den Ton vorgegeben; die anderen folgen. Mechthild Bach ist bereits abgeurteilt; ohne dass sie ein einziges Mal von einem der Journalisten befragt wurde.

Bachs Anwälte sind entsetzt und kämpfen weiter um die Freilassung ihrer Mandantin. Sie versuchen, dem Gericht klar zu machen, dass die Sorge, die Ärztin könnte sich aus dem Staub machen, absurd ist. Sie versichern, dass Mechthild Bach weder über größere Geldbeträge noch Sparguthaben verfügt. Stattdessen steht sie vor dem Ruin: Das Einfamilienhaus in Bad Salzdetfurth ist noch mit Schulden belastet. Ihr Lebensgefährte ist finanziell von ihr abhängig, da er nur eine kleine Rente von monatlich 600 Euro bekommt. Die Einnahmen aus dem Praxisbetrieb sind mittlerweile verschwindend gering, da sie ihrem Vertreter eine Tagespauschale von 250 Euro zahlt und weiterhin drei Arzthelferinnen als Vollzeitkräfte beschäftigt. Vor dem Haus steht keine Luxuslimousine, sondern ein Opel Calibra. Sie hege, so versichern ihre Verteidiger, keine Fluchtgedanken. Stattdessen durchforste sie mit enormen Fleiß die Ermittlungsakten, um zu den Vorwürfen Stellung zu nehmen.

Am 11. März wird Bach zum Haftprüfungstermin im Amtsgericht Hannover eskortiert. Der Richter, Oberstaatsanwältin Regina Dietzel-Gropp und die beiden Anwälte von Bach sind dabei. Erneut wird auf die schwierige finanzielle und häusliche Lage der Ärztin hingewiesen. Ihr Lebensgefährte ist erkrankt und braucht Pflege. Eine Demenz wird sich in den folgenden Wochen dramatisch ausweiten. Die Haft seiner Frau habe ihn zerstört, werden Freunde später berichten.

An diesem Märztag um 15.13 Uhr kommt sie schließlich frei, nach 21 Tagen im Gefängnis. Allerdings wird der Haftbefehl nicht aufgehoben, sondern nur gegen eine Kaution von 40.000 Euro ausgesetzt. Die Gefahr, dass sie sich dem Hauptverfahren entziehe, sei zu groß, meint das Gericht. Zwei Freunde aus Münster zahlen die Kaution. Mechthild Bach muss sich fortan zweimal in der Woche auf dem Polizeirevier melden. Einen Monat später wird die Meldeauflage gelockert: nur noch einmal die Woche.

Nach der Haft ist Mechthild Bach ein anderer Mensch. Diese drei Wochen seien das Schlimmste gewesen, das ihr je im Leben passiert sei, sagt sie. Sie magert ab; sie quält sich mit Allergien. Zeitweilig isst sie nur noch Reiswaffeln.

Es wird einsam um sie. Viele sagen: Wenn so viel geschrieben wird, muss was dran sein. Im Herbst 2005, zwei Jahre nach dem Entzug der Approbation, gibt Mechthild Bach auf und verkauft ihre Praxis, achtzehn Jahre nach der Gründung. Kurz darauf gibt sie auch ihre Kassenzulassung zurück. »Meine Patienten waren meine Familie, meine Kinder. Auf eine eigene habe ich verzichtet, um Zeit für meine Patienten zu haben. Man muss zuhören können, greifbar sein«, erzählt sie der *Ärztezeitung*, zu einem Zeitpunkt, als sie noch glaubt, ihre Kritiker überzeugen zu können. Vier Jahre wird sie auf den Prozess warten, der endlich ihre Unschuld beweisen soll.

Manfred Schwartau wird sich gemeinsam mit seinem Kollegen Zips in dieser Zeit einer neuen Gesundheitsbranche zuwenden. Er ermittelt gegen »Dealer in Weiß« – sogenannte Substitutionsärzte, die berechtigt sind, in ihren Praxen Drogensüchtige mit dem Ersatzstoff Methadon zu behandeln. Es kommt zu mehr als hundert Strafverfahren; zumeist wegen des Verdachts mangelnder Kontrolle bei der Verordnung der Opiate und Falschabrechnung.

In einem Fall räumt ein Lüneburger Richter nach einem jahrelangen Verfahren ein, dass eine chaotische Abgabepraxis von Methadon und falsch verstandene Hilfsbereitschaft nicht unbedingt strafbar seien. Ein weiteres Verfahren endet mit dem Selbstmord des Arztes. 2009 schreibt der »Arbeitskreis Rechtssicherheit in der Substitution« einen offenen Protestbrief an die Ärztekammer Niedersachsen und beschwert sich über den MDK-Gutachter Schwartau. Er verfüge »über kein Wissen und keine praktischen

Erfahrungen in der Substitutionstherapie«, heißt es darin. Das Schreiben bleibt folgenlos.

Eins der letzten Verfahren endet im Februar 2017. Eine 65-jährige Ärztin aus dem Landkreis Celle wird nach jahrelangen Ermittlungen und Berufsverbot wegen »nicht konformer« Abgabe von Opiaten zu zwei Jahren Haft mit dreijähriger Bewährung verurteilt. Der Gutachter Schwartau hatte der Ärztin eine säumige Dokumentation und eine mangelhafte Qualifikation vorgeworfen. Er hält sie zudem für überfordert. Hundert Substitutionspatienten? »Das ist kaum zu schaffen!«, entrüstet er sich vor Gericht. Die Richterin äußert in ihrem Urteil Verständnis für die Ärztin – sie habe sich für die Patienten aufopferungsvoll eingesetzt.

Zwischenzeitlich gerät der Medizinische Dienst, der den Rang einer Körperschaft öffentlichen Rechts hat und von den Krankenkassen finanziert wird, selbst in Konflikt mit dem Gesetz. Bei einer Routinekontrolle der Personalakten im Jahr 2009 entdecken die Prüfer des Sozialministeriums, dass sich der niedersächsische MDK-Chef seit vielen Jahren üppige Sonderzahlungen gönnt und insgesamt 140.000 Euro an Gehalt zu viel klassiert hat. Er wird flugs beurlaubt und auch die beiden Vorsitzenden des MDK-Verwaltungsrats, die ihm die Boni auf seinen Wunsch hin immer abgezeichnet haben, müssen gehen. 2013 wird der ehemalige MDK-Geschäftsführer vom Amtsgericht Hannover wegen Anstiftung zur Untreue zu einer Geldstrafe verurteilt.

Nach Aktenlage

Lukas Radbruch ist Anästhesist. Einer jener Fachärzte, die unter den Kollegen gern als die »Betäuber« oder die »Schlafwagenschaffner« verspottet werden. Wer ernsthaft diskutiert, räumt dagegen ein, dass sich die Anästhesie das bewahrt hat, was der Medizin abhandengekommen ist und was man heute den ganzheitlichen Blick auf den Patienten nennt. Zwangsläufig. Anders als der Chirurg muss der Anästhesist vor der Operation genau wissen, mit wem er es zu tun hat. Hat der Mensch, der vor ihm liegt, Herzprobleme oder ist er Diabetiker? Er muss alle Vorerkrankungen kennen, darf nichts übersehen, bevor er ihn betäubt.

Anfang der neunziger Jahre hat sich der Anästhesist Lukas Radbruch zunehmend auf die Schmerztherapie und Palliativmedizin spezialisiert, was nicht ungewöhnlich ist, denn in gewisser Weise ist eine Narkose eine Form der Behandlung von Schmerzen, die während einer Operation auftreten. Die »Spezielle Schmerztherapie« gibt es zu jener Zeit bereits als Zusatzqualifikation; eine anerkannte Qualifikation in der Palliativmedizin existiert dagegen vorerst nur als Grundsatzpapier der Bundesärztekammer.

2003 wird Radbruch an der Uniklinik Aachen Direktor einer der ersten bundesweiten Kliniken für Palliativmedizin. Finanziert wird die Klinik von der Grünenthal-Stiftung, die als Reaktion auf den Skandal um das Schlafmittel Contergan gegründet wurde und sich besonders der Betreuung Sterbenskranker widmen will. Seit 2014 leitet Lukas Radbruch die neu eröffnete Palliativstation an der Uniklinik Bonn.

Einem Reporter des *Bonner Generalanzeigers* erzählt er 2015, die klassische Anästhesie sei für ihn nur eine Phase gewesen. »Ich habe das früher gemacht, weil ich nicht so viel mit Patienten reden wollte. Mir war das zu nervig, zu eng.« Die Begegnung mit Sterbenden hat dann aber etwas in ihm ausgelöst. »Der Umgang mit Schwerkranken hat eine ganz andere Tiefe. Da habe ich gemerkt, dass Kommunikation ganz wichtig ist und wie viel man mit ihr erreichen kann«, sagt er. Sein Motto als Palliativmediziner: »Lebensqualität erhalten, nicht das Leben künstlich verlängern.« Seine Aufgabe sei es, Sterbende zu begleiten, ihnen beizustehen, Therapien abzubrechen. Die ständige Konfrontation mit dem Tod sei belastend, für Ärzte, Pflegekräfte und Therapeuten. Das dürfe man nie vergessen, erzählt er dem Reporter.

2003, mitten im Aufbau seiner Klinik für Palliativmedizin, wird Lukas Radbruch von der Paracelsus-Klinik in Langenhagen gebeten, die Krankenakten von vier Patienten der Internistin Mechthild Bach zu prüfen und eine Stellungnahme abzugeben. Er sagt zu.

Nicht vier, sondern 65 Krankengeschichten landen auf seinem Schreibtisch. 65 Todesfälle, registriert, dokumentiert in Fieberkurven, Laborwerten, in Röntgenbildern, versehen mit ärztlichen Anordnungen und Vermerken der Pflegekräfte. Die Akten erzählen im Fachjargon der Mediziner von schwerkranken Menschen, die wohl geahnt haben, dass sich ihr Leben dem Ende zuneigt.

Von Leonid K., dessen Bauspeicheldrüsen-Krebs bereits in Leber und Lymphknoten gestreut hat und der von der Medizinischen Hochschule in Hannover als »austherapiert« entlassen und am gleichen Tag in Langenhagen mit Tumorfieber eingeliefert wird, wo er nach 22 Tagen stirbt.

Oder von der herzkranken 81-jährigen Annelies R., die nach einem Sturz zuhause auf dem Bauch liegend gefunden und als Notfall eingeliefert wird, zwei Monate nach der Entlassung aus einem anderen Krankenhaus. Sie erholt sich nicht mehr.

Von der 96-jährigen Katharina R., die dement ist, an einer Herzschwäche leidet, im Pflegeheim wohnt, seit einem halben Jahr bettlägerig und nicht mehr ansprechbar ist und sich nun auch noch eine schwere Lungenentzündung geholt hat.

Auch der achtzigjährige Gerhard K., vor neunzehn Tagen gerade erst aus einer anderen Klinik entlassen, wird von seinem Hausarzt mit der nicht ausgeheilten Lungenentzündung an die Station von Mechthild Bach überwiesen. Er stirbt nach vierzehn Tagen.

Und dann gibt es noch Jürgen E., der mit einem Tumor in der Galle und Metastasen in der Lunge und den Knochen auf eigenen Wunsch von der MHH als »austherapiert« in die Paracelsus-Klinik verlegt wird und nach sechs Tagen stirbt.

Es sind nüchterne, unvollständige Protokolle ihrer letzten Tage, die geordnet, archiviert und vielfach kopiert wurden, um nun fast einem Dutzend Experten an verschiedenen Orten der Republik zur Bewertung vorgelegt zu werden. Lukas Radbruch findet, wie er später schreibt, in allen 65 Akten Hinweise auf Schmerzen, Angst, Luftnot und Unruhe. MDK-Prüfer Schwartau, der die Aufzeichnungen als Erster sichtet, beschwert sich über die lose Blattsammlung. Michael Zenz, ein Gutachter der späteren Stunde, wird fürs Ordnen der Blätter eine Extra-Rechnung an die Gerichtskasse schreiben – 1021,96 Euro.

Lukas Radbruch ist der dritte Sachverständige, der sich über die Dokumente beugt. Vier ausgewählte Fälle soll er bewerten und am Ende entscheiden, ob die Ärztin Bach sich sowohl an die Regeln der Medizin, als auch ans Strafgesetzbuch gehalten hat. Er ist der Erste, der mit Mechthild Bach spricht. Er befragt außerdem den Klinikchef und die Pflegedienstleitung. Die Vor-Gutachter, deren Stellungnahmen ihm vorliegen, haben dies nicht getan, aus Prinzip.

Die Vor-Gutachter, das sind das MDK-Team, das im Mai 2003 die Ermittlungen gegen die Ärztin Bach auf den Weg bringt, und der niedergelassene Neurologe Elmar Straube aus Barsinghausen, den die AOK zusätzlich mit einer »nervenärztlichen Stellungnahme« beauftragt. Auf 56 Seiten kommt MDK-Prüfer Manfred Schwartau zu dem Ergebnis, dass Bach mit ihrer Behandlung den Tod von drei Patienten herbeigeführt hat – »eine Art Sterbehilfe« per Morphium-Diazepam-Therapie, einem Mix aus Opiaten und Beruhigungsmittel. Straube, ein früherer Medizinaldirektor in Landesdiensten und wie Schwartau Sozialmediziner, urteilt ebenfalls nach »Aktenlage«. Sein Befund ist härter, der Ton schärfer. In allen drei Fällen sei der Tod der Patienten nicht nur billigend in Kauf genommen worden, sondern »bewusst initiiert«, schreibt er. Deutlicher kann man es nicht sagen: Der Neurologe ist überzeugt, dass es in diesem Fall nicht um Behandlungsfehler geht, sondern um Totschlag. Gar Mord? Die Weichen sind gestellt.

Lukas Radbruch ist um Sachlichkeit bemüht. Im Fall des Patienten Günter B. schildert er die Geschichte, die nicht in den Akten steht. Günter B., seit einem Arbeitsunfall in Frührente, ist für Mechthild Bach kein Unbekannter. Seit acht Jahren betreut sie den 63-Jährigen als Hausärztin. Sechs Mal lag er bereits auf ihrer Station. Er ist wie viele in seinem Alter »multimorbid«, was bedeutet, dass er unter vielem leidet. Er hat Herzrhythmus- und Durchblutungsstörungen, eine chronische Gastritis, eine schwere Osteoporose, seit ein paar Jahren auch eine künstliche Hüfte. Er ist krankhaft abgemagert, wiegt nur noch 45 Kilo und quält sich mit einer Altersdepression.

In seiner Patientenakte ist außerdem eine chronische Leukämie notiert, die sich allerdings nicht im Blutbild widerspiegelt, das noch in seinen letzten Tagen in der Klinik ausgewertet wird. Eine Fehldiagnose? Nach »Aktenlage« ja, meinen einige der Gutachter und kommen (nicht zum ersten Mal) zu dem Schluss, dass Mechthild Bach inkompetent ist. Sie selbst hält die »Unauffälligkeit« der Blutwerte für die Folge des Kortisons, das sie Günter B. über mehrere Jahre verordnet hat.

Zur Geschichte von Günter B. gehört auch, dass er des Lebens müde ist. Mehrmals hat er Therapien und Operationen abgelehnt, die ihm von Mechthild Bach empfohlen wurden. Zur Untersuchung in der Praxis kommt er häufig in Hausschuhen. Seine Tage verbringt er rauchend auf dem Sofa. Bis zu sechzig Zigaretten am Tag. Er isst kaum noch. Er habe keinen Hunger, sagt er. Immer wieder beklagen sich seine Töchter bei der Hausärztin, dass er sich weder helfen, noch irgendetwas raten lasse und während ihrer Besuche lieber Fernsehen gucke statt mit ihnen zu reden. Im Dezember 2002 nimmt Mechthild Bach ihn auf Drängen der Töchter nach einem erneuten Schwächeanfall und Erbrechen wieder einmal in der Klinik auf. Mechthild Bach spricht mit ihnen über den Wunsch ihres Vaters, auf Wiederbelebungsmaßnahmen im Notfall zu verzichten. So steht es in den Unterlagen.

In den Unterlagen ist auch nachzulesen, dass der Patient in den ersten Tagen eine schwere aggressive Verstimmung zeigt, dann sind starke Krämpfe vermerkt. Er bekommt einen Beißkeil, ein Gitter am Bett – und schließlich Valium. Er ist weiterhin sehr unruhig und will aufstehen. Am achten Tag klagt er über heftige Bauchschmerzen, der Bauch ist gebläht. Die Nachtschicht notiert im Pflegebericht: »02:00 Uhr – Patient ist sehr unruhig, läuft auf dem Flur herum. Patient auf Toilette gebracht, hat dort alles vollgemacht. Patient wurde geduscht, gewindelt.« Mechthild Bach verordnet Günter B. die erste Ampulle Morphium.

Es folgen weitere Spritzen; täglich drei, in Kombination mit dem Beruhigungsmittel Diazepam. Die Gutachter Straube und Schwartau halten diese Maßnahme »nach Aktenlage« für völlig unangebracht. »Medizinisch nicht nachvollziehbar«, notiert Schwartau. Bei einem akuten

Abdomen, also schweren Bauchschmerzen, dürfe nicht Morphium verordnet werden, sondern müssten weitere Untersuchungen folgen, um den Grund für die Symptome abzuklären, meint Straube.

Radbruch widerspricht. In der ärztlichen Dokumentation sei klar vermerkt, dass der Patient unter einem geblähten und schmerzenden Bauch gelitten habe. Der Patient sei nicht mehr ansprechbar gewesen; Unruhe sei oft ein Hinweis auf Schmerzen. Aus palliativmedizinischer Sicht sei in diesem Fall ein Aufschub der Schmerzbehandlung und damit eine Verlängerung des Leidens des Patienten nicht zu rechtfertigen. Zumal wenn absehbar ist, dass weitere klinische Untersuchungen nur geringe neue Erkenntnisse bringen. Radbruch merkt an, dass die Befürchtung, eine Behandlung mit Opiaten könne das Leben verkürzen, nicht dazu führen dürfe, den Schmerz gar nicht erst zu bekämpfen. Dies habe auch die Bundesärztekammer in ihren Empfehlungen zur Begleitung Sterbender klargestellt.

Man streitet über Uhrzeiten und Abfolge der Morphiumbehandlung. Ein Streit, der sich im Verlauf des Verfahrens schier endlos wiederholen wird. Aber es ist nicht die einzige Unstimmigkeit unter den Medizinern. Erbittert wird über Bachs Begriff »Schmerzprogramm« gestritten. Unter dem Vermerk »Schmerzprogramm«, so stellt sie klar, gehe es nicht grundsätzlich um Morphium, und nicht um ein vorgefasstes Schema. Dosierung und Art der Medikamente würden selbstverständlich individuell entschieden. Lukas Radbruch, der Palliativmediziner, hält diesen Ausdruck bei adäquater Indikation für völlig korrekt; seine Kontrahenten sprechen von einem »ungewöhnlichen« Namen.

Günther B. stirbt nach neun Tagen. Die Töchter sind überzeugt, dass er nicht mehr leben wollte. Er sei immer ein Stehaufmännchen gewesen. »Jetzt wollte er nicht mehr.« Am Tag zuvor verabschiedet er sich von seinen Töchtern mit einer Umarmung, was er sonst nie tat.

Im Fall des Patienten Wolfgang S., der aufgrund einer schweren chronischen Lungenerkrankung häufig in Kliniken liegt und bereits zwei Mal vor seiner erneuten Einlieferung im Dezember 2001 auf Bachs Station behandelt wurde, eskaliert der Streit.

Wolfgang S. ist ein introvertierter Mensch, der – wie seine Ehefrau in einem vierseitigen Schreiben für die Ermittler schildert – zeit seines Lebens, Krankheiten verdrängt, nie über Schmerzen geklagt und trotz seiner schweren Asthmaerkrankung und einer Tuberkulose aus Kindheitstagen weiter geraucht hat. Immer wieder ignoriert er die TBC-Medikamente, die er eigentlich regelmäßig nehmen muss. Auch in diesen Dezembertagen versucht er, seine Probleme wie Schluckbeschwerden und Krampfanfälle zu verschweigen.

Seine Ehefrau erinnert sich später, dass sie leere Verpackungen von bis zu sechzig Schmerztabletten fand, die er wohl in den Tagen vor Klinikaufnahme heimlich geschluckt hatte. Sein Leiden wird offensichtlich, als er an einem Morgen plötzlich einen heftigen Krampfanfall vor den Augen seiner Frau bekommt. Er ist nicht mehr ansprechbar und schleppt sich zum Sofa. Sie wählt die Notrufnummer und bittet die Rettungskräfte, ihren Mann in die Paracelsus-Klinik zu Frau Dr. Bach zu bringen. Sie hatte es ihm versprochen. »Er hatte Angst davor, in eine fremde Klinik eingeliefert zu werden, wo man seine Krankengeschichte nicht kennt.«

Es scheint, als erhole er sich in der Klinik. Er macht Pläne. »Er plante fürs nächste Jahr einen Sylt-Urlaub und ein neues Gerät für seine Stereoanlage«, schreibt Frau S. Er ist fest überzeugt, dass er wieder gesund wird, dass Frau Bach das schon »hinkriege«. Weder Gewichtsabnahme, noch Schluckbeschwerden machen ihn stutzig. Wie es tatsächlich um ihn steht, habe sie ihm nicht sagen wollen, gesteht seine Frau. Es geht nicht mehr nur um eine kranke Lunge. Mechthild Bachs Diagnose nach wenigen Tagen in der Klinik aufgrund von CT-Befunden, Magenspiegelung und anderen Untersuchungen: Speiseröhrenkrebs und Metastasen im Gehirn, Lunge und in der Leber. Die Gutachter werden später darüber streiten, ob Bach behauptet habe, weitere Organe seien betroffen.

Die Ehefrau von Wolfgang S. stirbt, bevor der Prozess beginnt. Eine Nachbarin des Paares erzählt später, Frau S. habe die Anklage gegen Mechthild Bach scharf verurteilt. Dazu passt eine Passage in ihren Aufzeichnungen aus der Ermittlungsakte: »Ich bin Frau Dr. Bach sehr dankbar, dass wir es meinem Mann ersparen konnten, ihm ein paar Tage vor Weihnachten mitzuteilen, dass er sterben muss.« Wolfgang S. und seine Frau hatten in einer Patientenverfügung den Wunsch festgehalten, dass sie ohne Leiden sterben wollten. Sie habe dies Frau Bach mitgeteilt, schreibt Frau S. Die Ärztin sei in dieser schlimmen Zeit für sie Tag und Nacht erreichbar gewesen.

Frau S. ist jeden Tag in der Klinik. Sie erlebt, wie ihr stark abgemagerter Mann wackliger wird, unkoordiniert in den Bewegungen, Krampfanfälle bekommt, zeitweilig nicht ansprechbar ist und wie ihm das Sprechen zunehmend schwer fällt. Er kann keine feste Nahrung mehr zu sich nehmen, da das Schlucken schmerzt.

Der Neurologe und Gutachter Straube meint, dass der 52-Jährige aus neurologischer Sicht gar nicht ins Krankenhaus gehörte. Der Patient sei in einem problemlosen Allgemeinzustand gewesen; das Hirnödem wäre bei richtiger Behandlung heilbar gewesen. Die Morphiumtherapie kann er nicht nachvollziehen. Seine Behauptung, dass Morphium auch krampferregende Eigenschaften habe, wird ein weiterer Gutachter später als typisches Beispiel einer falsch interpretierten Lehrbuchweisheit eines Sachverständigen zurückweisen, der auf dem Gebiet keine eigene praktische Erfahrung hat.

Noch weniger versteht der Neurologe Straube die zusätzliche Gabe von Beruhigungsmitteln, eine Kombination, die, wie er schreibt, bekanntermaßen zum Tod führt. Dies sei seit den vierziger Jahren bekannt, seit den Euthanasieprogrammen der Nazis. Jeder Arzt kenne die Folgen. Eine »Feststellung dieser inhaltlichen Schwere« müsse einem Gutachter erlaubt sein, wird er sich später gegen Kritik verteidigen. Auch habe er nicht beabsichtigt, Bach mit den Nazis zu vergleichen. Doch warum dann dieser Hinweis auf die Nazis?

Lukas Radbruch weist den Vergleich als völlig ungerechtfertigt zurück. Die Palliativmedizin *begleite* sterbende Patienten, statt sie zu töten. In Momenten, in denen es keine Hoffnung mehr auf Heilung gebe, müsse Hoffnung auf Linderung der Symptome und auf ein gutes Lebensende vermittelt werden. Immer mehr Sterbenskranke wünschten sich das. Morphium-Gaben seien in diesen Fällen nicht nur eine bewährte und wirksame Schmerztherapie, sie linderten zudem Ängste, Luftnot und Unruhe. Auch die Kombination von Opiaten und Schlaf- und Beruhigungsmitteln, sogenannten Benzos, sei möglich und werde in der Palliativmedizin als »terminale Sedierung« eingesetzt.

Dieses Wort reizt wiederum die beiden Vor-Gutachter. Terminale Sedierung? Schwartau poltert, dieser Begriff sei in der Fachliteratur unbekannt. Stattdessen werde der Begriff gern von der Deutschen Gesellschaft für humanes Sterben verwendet, die bekanntlich für die Legalisierung der aktiven Sterbehilfe eintritt.

Radbruch, ein Professor der leisen Worte, empfiehlt in seiner schriftlichen Antwort, den Begriff »terminale Sedierung« in eine gängige medizinische Literaturdatenbank einzugeben. Ein sorgsamer Leser werde dann auf Anhieb 87 Zitate in Fachzeitschriften finden. Schwartau antwortet pikiert: Die Datenbank sei amerikanisch und nenne keine deutschen Autoren. Eine Stellungnahme an die Ärzteaufsicht bei der Bezirksregierung versieht er mit Zeitungsartikeln über den neuen Lehrstuhl von Lukas Radbruch, in denen auf die Finanzierung durch die Grünenthal-Stiftung hingewiesen wird. Als ginge es in dem Verfahren um anstößige Verbindungen zur Pharma-Industrie.

Manfred Schwartau hält auch die Entscheidung, Wolfgang S. keine feste Nahrung mehr zu geben, für unvertretbar, ja für verboten. Ob der Patient mit einem Tumor in der Speiseröhre überhaupt schlucken konnte – für den MDK-Gutachter zweitrangig. Stattdessen führt er aus, dass ein Patient nach den Regeln ärztlicher Kunst weder Durst noch Hunger im Krankenhaus erdulden dürfe.

Lukas Radbruch ringt in seiner schriftlichen Stellungnahme um die richtigen Worte: »Eine Infusions- oder Ernährungstherapie darf nicht eingeleitet oder fortgesetzt werden, wenn der entscheidungsfähige Patient damit nicht einverstanden ist«, schreibt er. »Insofern ist die Beendigung der Zufuhr in Deutschland nicht verboten, die Fortsetzung gegen den Willen des entscheidungsfähigen Patienten hingegen schon.« Es gelte, die Wünsche des Patienten zu respektieren, auch wenn sie den ärztlichen Erfolgskriterien widersprechen. Ein Missverständnis, antwortet Schwartau. Natürlich sei der Wille des Patienten entscheidend.

Auch im dritten Fall geht es um einen Krebspatienten, den die Ärztin Bach seit mehreren Jahren betreut. Emil H. ist 78 Jahre alt und seit drei Jahren an Darmkrebs erkrankt. Drei Mal ist er bereits operiert worden, er hat Metastasen in der Leber; der Obduktionsbefund wird das Ausmaß der Tumorerkrankung bestätigen. Eine Chemotherapie, sagt Bach, hätte seine Lebensqualität aufgrund des hohen Alters deutlich verschlechtert. Das Ehepaar H. versucht, die Diagnose zu verdrängen. Aber immer wieder äußert Emil H. den Wunsch, leidensfrei sterben zu wollen. 2003 kommt er auf eigenen Wunsch und aufgrund des Leidensdrucks in die Klinik. Nach einem Darmverschluss wird er über eine Magensonde ernährt und mit

Morphium und Beruhigungsmitteln behandelt. Mechthild Bach spricht mit seiner Ehefrau über seine Hoffnung auf ein angstfreies Ende. Er stirbt nach dreizehn Tagen in der Klinik – eine Woche nach Eingang der Strafanzeige gegen Mechthild Bach.

Erneut weist Radbruch die MDK-Gutachter daraufhin, dass sie von einem schmerzfreien Patienten bei Klinikaufnahme sprechen, obwohl die Dokumente dem widersprechen und der Patient schon früher Opiat-Pflaster verordnet bekommen hat. Der Beginn einer Schmerztherapie sei zwingend gewesen, um den Patienten nicht weiter unter Schmerzen und Todesängsten leiden zu lassen. Eine sofortige Operation, die die MDK-Prüfer zur Behandlung des Darmverschlusses einfordern, sei dagegen nicht zwingend erforderlich gewesen. MDK-Gutachter Schwartau urteilt dagegen unmissverständlich: Der Tod von Emil H. ist kein Behandlungsfehler, sondern ein Tötungsdelikt. Dr. Bach wusste, was sie tat.

Auch über Bachs Begriff »Präfinal« wird gestritten. Sie habe gespürt, wenn der Patient sich quäle, leide und dem Tod nah sei, erzählt sie Lukas Radbruch. Im Gericht wird sie von einer »Aura« sprechen, was für Spott sorgt. Mediziner werden als Zeugen geladen, um zu referieren, woran man den nahenden Tod erkennt. Ist die Entfernung messbar?

Am Ende konstatiert der Palliativmediziner Radbruch in seiner Stellungnahme, dass Bachs Dosierungen von Opiaten und Beruhigungsmitteln in der Regel den gängigen Empfehlungen der Schmerztherapie entsprächen. Sie sei eine engagierte Ärztin, die mit den Grundkenntnissen in der Betreuung Sterbender vertraut ist. Dennoch empfiehlt er der Kollegin den Besuch von Fortbildungskursen in Palliativmedizin und Schmerztherapie und die Umsetzung gewisser Standards, die heute eine Selbstverständlichkeit sind: Qualitätszirkel, Teamarbeit, Ethikkonsile und die Absicherung ärztlichen Handelns über Patientenverfügungen. Bachs größtes Versäumnis: Die Dokumentation von Symptomen und Befunden ist mangelhaft.

Die Bilanz des Neurologen Straube gerät dagegen zu einer persönlichen Abrechnung mit einem Gesundheitswesen, das Belegarztsysteme wie die Paracelsus-Klinik erlaubt. Es sei unvertretbar, dass eine hausärztliche Internistin wie Mechthild Bach ohne entsprechende Qualifikation, ohne entsprechende Schulung hochkomplizierte Krankheiten wie Tumorleiden behandeln dürfe. Ähnlich sieht das Manfred Schwartau: Mechthild Bach sei selbstherrlich, schlecht ausgebildet und zeige keine Einsicht. Palliativpatienten hätten in der Paracelsus-Klinik gar nicht behandelt werden dürfen. »Handlungsweisen« hätten sich eingeschliffen, kritisiert Straube, als sei ihm durchaus bekannt, dass über Jahre hinweg sterbende Patienten nach Langenhagen verwiesen wurden, und zwar von Kollegen.

Ein Kreuzzug gegen die junge Palliativmedizin? Falsch. Der Neurologe Straube stellt klar, dass er »engste Kontakte« zu allen Hospizen in der Stadt besitzt. »Strategien«, wie sie die Ärztin Bach angewandt habe, seien in der Palliativmedizin, also in der Behandlung nicht mehr zu heilender Patienten in der terminalen Lebensphase, gerechtfertigt. Doch keiner der Patienten, die zur

Diskussion stünden, sei ein Fall für palliativmedizinische Maßnahmen gewesen und eine internistische Station sei keine palliativmedizinische Station. Der Hinweis, man sei für ein »Sterben in Würde«, reiche nicht aus. Es sei das Ende einer humanen und wissenschaftlich begründeten Medizin, wenn ein Arzt meint, subjektiv die »Finalität« erkennen zu können.

Zwei weitere Gutachter werden im Laufe des Jahres noch befragt, bevor zwei renommierte Schmerzmediziner die Bühne betreten. Der Direktor des Zentrums Anästhesiologie an der Göttinger Uni-Klinik, Dietrich Kettler, begutachtet auf Wunsch der Bach-Verteidiger zwei ausgewählte Fälle, in Kenntnis der Vorgutachten. Er stützt Radbruchs Aussage, dass eine Operation von Günter B. viel zu riskant gewesen wäre, und hält die Schmerzbehandlung angesichts der Aussichtslosigkeit auf Heilung zur Linderung der Symptome für verständlich.

Im Fall von Wolfgang S. fragt sich Kettler, ob möglicherweise »etwas vorzeitig« Therapien und Ernährungsmaßnahmen abgebrochen wurden. Die Dosierungen hält er im Einzelfall nicht für zu hoch. Ein weiterer von der AOK beauftragter Experte, der Hamburger Rechtsmediziner Achim Schmoldt, kommt auf sieben Seiten zu dem Ergebnis, dass Wolfgang S. kein Morphium hätte bekommen dürfen, da der Patient nicht unter Schmerzen, sondern unter Unruhe gelitten habe. Das Einverständnis der Ehefrau sei nichts wert, da ihr von der Ärztin falsche Angaben über den Gesundheitszustand ihres Mannes gemacht wurden. Anders gesagt: Mechthild Bach habe das Ausmaß der Krebserkrankung übertrieben.

Außerdem sei der Patient »für die Zufuhr von Nahrung und Flüssigkeit zur Vermeidung von Hunger und Durst« gesund genug gewesen.

Im August 2003 stellt Manfred Schwartau der Staatsanwaltschaft achtzehn Gutachten in Rechnung – für 10.670 Euro. Im gleichen Monat beauftragt die Staatsanwaltschaft den Bochumer Schmerzmediziner Michael Zenz, elf Sterbefälle als Sachverständiger zu untersuchen. Im Oktober wird der Auftrag um dreizehn weitere Fälle erweitert. Auch die Ergebnisse der rechtsmedizinischen Untersuchung zweier exhumierter Leichen werden nach Bochum geschickt.

Das Duell der Gutachter

Medizin-Professoren nutzen Abschiedsvorlesungen gern, um sich zu erinnern. Die Vorträge tragen Titel wie »Medizingeschichtliche Anregungen über Transplantationen«, »Reflexionen eines Chirurgen« oder »Die Kardiologie – eine Erfolgsgeschichte«. Rafael Dudziak beendete seine dreißigjährige Laufbahn als Direktor der Klinik der Anästhesiologie, Intensivmedizin und Schmerztherapie am Frankfurter Universitätsklinikum 2003 mit einem kritischen Nachruf auf eine schmerzvolle Beziehungsgeschichte. Das Verhältnis zwischen Arzt und Patient, das einstmals vertraut und persönlich war, sei durch die Vorgaben des Gesundheitswesens »mitten ins Herz getroffen«, klagt der Professor. Die Hälfte seiner Arbeitszeit müsse er sich mittlerweile mit Bürokratie beschäftigen. Diese Zeit fehle ihm nun beim Nachdenken, beim Nachlesen und beim Kümmern um den Patienten. Der Kontakt sei vielfach abgebrochen, das Vertrauen gestört. Immer häufiger sehe der Anästhesist oder der Chirurg den Patienten zum ersten Mal auf dem Operationstisch. Der Patient werde zum »reparaturbedürftigen Objekt«, zur »Lunge« oder zum »koronaren Bypass«, degradiert, das Krankenhaus entwickle sich zum »Fließband-Handwerksbetrieb«, die Medizin zum Geschäft.

Für Michael Zenz, ebenfalls Direktor einer Klinik für Anästhesiologie, Intensiv- und Schmerztherapie, allerdings an der 250 Kilometer entfernten Ruhr-Universität Bochum, bedeutet das Jahr 2003 nicht Abschied, sondern Aufstieg. Er wird zum Präsidenten der Deutschen Gesellschaft zum Studium des Schmerzes (DGSS), der größten europäischen Fachgesellschaft für Schmerztherapie, gewählt. Die berufliche Karriere des 58-jährigen Jesuiten-Schülers, der als eitel und ehrgeizig gilt, ist zu dieser Zeit bereits beachtlich: Mitbegründer der Deutschen Interdisziplinären Vereinigung für Schmerztherapie, mehr als 200 Veröffentlichungen, mehrere Medizin-Auszeichnungen, Fachautor beim Ärzteblatt, Herausgeber einer Fachzeitschrift, Direktor zweier Kliniken und zeitweilig Vorsitzender der Ethikkommission der Bochumer Uniklinik. Seit Jahren kämpft er an führender Stelle ums Renommee der relativ jungen Schmerzmedizin, die stark auf wissenschaftliche Standards setzt. Auch in Abgrenzung zur noch jüngeren ganzheitlichen Palliativmedizin, die sich vornehmlich um den kleinen Kreis der hoffnungslosen Schmerzpatienten kümmert.

Michael Zenz und Rafael Dudziak kennen sich; so wie man sich kennt als Fachkollegen. Als Hochschullehrer ist beiden zudem die Disputation, das wissenschaftliche Streitgespräch, vertraut, das im Mittelalter als wohlinszenierte Veranstaltung erfunden wurde. Es folgte einem festen Schema. Eine These wird vorgetragen, dann widerlegt, dann verteidigt. Man beweist Wissen, übt sich in Schlagfertigkeit und gefällt sich in der Pose des Überlegenen. 2003 ahnen weder Michael Zenz, noch Rafael Dudziak, dass sie sich über sieben Jahre hinweg ein erbittertes Streitgespräch über wissenschaftliche Standards, Messwerte und Diagnosen liefern werden. Die letzten drei der sieben Jahre in einem Schwurgerichtsaal in Hannover.

Im August 2003 schreibt Oberstaatsanwältin Regina Dietzel-Gropp an den Bochumer Klinikdirektor Michael Zenz, »unter Bezugnahme auf die telefonische Rücksprache übersende ich Ihnen elf Ermittlungsakten mit Krankenunterlagen im Ermittlungskomplex gegen die hannoversche Ärztin Dr. Bach, mit der Bitte um Erstattung eines Sachverständigengutachtens zu der Frage, ob der Ärztin bei der Behandlung der elf Patienten ein todesursächlicher Behandlungsfehler unterlaufen ist.«

Bachs Anwalt Klaus Ulsenheimer ist erfreut, als er aus den Ermittlungsakten von der Wahl des Sachverständigen erfährt. Er kennt Michael Zenz und hält große Stücke auf ihn. Zenz hat zwar keine Erfahrung als Gutachter in einem Strafverfahren. Aber er gilt als ausgewiesener Experte in seinem Fachgebiet. Also verschiebt Ulsenheimer die geplante Stellungnahme seiner Mandantin, im festen Glauben, dass sich viele Vorwürfe nun schnell erledigen werden. Wie sich bald herausstellen sollte, ein fataler Irrtum.

Bereits die Nachfrage von Zenz, welche Fortbildung Mechthild Bach eigentlich vorzuweisen hat, macht Ulsenheimer stutzig. Er belehrt den Fragenden, dass eine Qualifikation in der Palliativmedizin zwar gerade von den Gremien beschlossen wurde, aber noch nicht umgesetzt ist. Also könne niemand bislang diese Zusatzqualifikation vorweisen. Er räumt ein, dass seine Mandantin nicht – wie der Gutachter – Mitglied einer der Fachgesellschaften ist. Aber ist dies ein Beleg für Inkompetenz? »Ihre Qualifikation zur Behandlung schwerkranker und sterbender Patienten bezieht sie aus ihrer jahrelangen Erfahrung und dem Studium der Fachliteratur«, schreibt Ulsenheimer.

Vier Monate später, kurz vor Weihnachten, landet auf dem Schreibtisch der Oberstaatsanwältin in Hannover die 165-Seiten-Expertise aus Bochum. Es folgt eine erste Rechnung über rund 15.000 Euro. Weitere werden folgen.

Einige Passagen des Gutachtens, die durchsickern, klingen nach Ansicht der Bach-Verteidigung vielversprechend. Zenz kritisiert die »strukturelle Versorgung von terminal Kranken im Land Niedersachsen und insbesondere in Hannover«. Er beklagt, dass der Appell des Göttinger Klinikdirektors Dietrich Kettler zur Einrichtung von Palliativstationen überhört worden ist. Nur aufgrund dieser gravierenden Versäumnisse habe die sicher wohlgemeinte, aber fachlich problematische Therapie der Frau Bach geschehen können. Doch der Rest ist ein vernichtendes Urteil: Neun der elf verstorbenen Patienten hätten bei »adäquater Therapie« oder dem Verzicht auf Morphium in Kombination mit Valium den Todeszeitpunkt »mit an Sicherheit grenzender Wahrscheinlichkeit« überlebt. Schreibt der Gutachter. Um Stunden? Um Tage? Egal.

Im März schreibt Anwalt Ulsenheimer an die Oberstaatsanwältin: »Nach der genaueren Durchsicht des Gutachtens von vier Fällen bin ich geradezu entsetzt.«

Der Münchener Jurist Ulsenheimer, Chef einer bundesweit renommierten Kanzlei mit Filiale in Berlin, kennt sich aus mit Medizinprozessen; er kennt die wichtigsten Sachverständigen in der Republik und hat bereits einige

Standardwerke übers Arztstrafrecht veröffentlicht. Dreißig Jahre ist er im Geschäft. Ein derart fehlerhaftes und ungenaues Gutachten, gespickt mit unsachlichen und polemischen Formulierungen hat er noch nicht gesehen. Egal, ob es um Uhrzeiten, Medikamentendosierungen oder die Mitteilung geht, wie der Patient in die Klinik eingeliefert wurde, sitzend (falsch) oder liegend (richtig) – immer wieder stößt Ulsenheimer auf eine unkorrekte Wiedergabe von Angaben aus den Klinikdokumenten. Dagegen werden andere Eintragungen einfach ignoriert; zum Beispiel die Gabe von Infusionslösungen mit Mineralien, die die Patienten im Einzelfall rüstiger erscheinen lassen, als sie tatsächlich sind.

Dagegen werden Ansprüche gestellt, die weltfremd sind; zum Beispiel, wenn Mechthild Bach vorgeworfen wird, sie habe nicht schnell genug weitere Untersuchungen durchgeführt oder das konsiliarische Gespräch mit einem anderen Fachkollegen gesucht, was in einer Uniklinik selbstverständlich, aber in einer kleinen Klinik schwierig ist. Bachs Anwalt verweist auf eine Entscheidung des Bundesgerichtshofs, das in einem vergleichbaren Fall klargestellt hat, dass keine Maximalforderungen gestellt werden dürfen.

Als er liest, dass Mechthild Bach im Fall von Wolfgang S. die Krebserkrankung weitaus dramatischer geschildert haben soll, als sie tatsächlich war, ist er »nahezu fassungslos«. Eine bewusste Verdrehung von Fakten oder ein Versehen des Gutachters? Die korrekte Diagnose wurde in den Unterlagen dokumentiert. Warum sollte Mechthild Bach im Gespräch mit der Ehefrau übertrieben haben?

In der Regel begutachtet Michael Zenz, wie schon MDK-Prüfer Schwartau, nach Aktenlage. Für ihn ist das, was nicht dokumentiert ist, nicht geschehen. Es interessiert ihn auch nicht; weder die Krankengeschichte vor der Einlieferung in die Klinik, noch frühere Gespräche zwischen Ärztin und Patient. Im Zweifel für die Angeklagte? Zenz scheint der Kollegin Bach zutiefst zu misstrauen. Sind die Eintragungen in den Patientenunterlagen »diffus und unübersichtlich«, zieht er seine eigenen Schlüsse – »im Zweifel gegen Frau Dr. Bach«, beklagt Ulsenheimer.

Noch wird ermittelt. Aber Bachs Anwalt hält Michael Zenz bereits zu diesem Zeitpunkt für voreingenommen. Eine Voreingenommenheit, die den Prozess prägen wird. Die Kritik der Verteidigung wird Oberstaatsanwältin Dietzel-Gropp ein Jahr später zurückweisen. Einerseits aus formell rechtlichen Gründen, andererseits weil sie überzeugt ist, dass die Widersprüche, die beanstandet wurden, in einer ergänzenden Stellungnahme von Michael Zenz »erschöpfend und nachvollziehbar« ausgeräumt worden sind.

Jene »Beanstandungen«, von denen die Anklagebehörde spitzfindig spricht, stammen aus der Feder von Rafael Dudziak. Kaum hatte man in der Münchener Kanzlei erkannt, wie brisant die Ausführungen von Michael Zenz sind, wurde eilig ein eigener Gutachter beauftragt. Der Frankfurter Dudziak arbeitet schnell. Bereits nach vier Tagen geht an die Staatsanwaltschaft eine erste Stellungnahme. Dudziak beanstandet vor allem, dass Zenz wichtigen Fragen nicht nachgeht: Der Allgemeinzustand des Patienten und die ärztliche Prognose kämen in der

Bewertung zu kurz, die Gabe von Morphium und Beruhigungsmittel werde überbewertet.

Hätte die Patientin Katharina R. ohne Morphium Stunden länger gelebt, wie Michael Zenz behauptet? Kein medizinischer Sachverständiger könne diese Frage überzeugend beantworten, schreibt Rafael Dudziak. »Reine Glaubenssache.« Der 96-Jährigen sei es zunehmend schlechter gegangen, bis sie schließlich Blut erbrach. In diesem Fall steht der Arzt vor der Alternative, das natürliche Ende der Patientin abzuwarten, die Agonie mit Medikamenten zu lindern oder die Intensivmedizin zu bemühen: intubieren und künstlich beatmen. Der Kliniker Rafael Dudziak ist überzeugt, dass »kein vernünftiger Arzt« die dritte Möglichkeit wählen würde.

Drei Monate nach der Zenz-Expertise ist das 106 Seiten starke Gegengutachten des Frankfurter Fachkollegen komplett. Es entlastet Bach in allen acht Fällen. Dudziak kritisiert die einseitige Festlegung auf die Schmerztherapie und die Behauptung von Zenz, dass es in den meisten Fällen gar kein Schmerzleiden gab.

Er stellt klar, dass sich alle acht Patienten in einer Notfallsituation befanden; sie waren schwer herz- oder krebskrank und bei keinem bestand Aussicht auf Besserung. Auch könne in keinem der beanstandeten Fälle die Frage beantwortet werden, ob es die Anwendung von Valium oder Morphin war, die am Ende zu Atemstillstand und Herzstillstand führte.

Für Rafael Dudziak stellt sich eine ganz andere Frage: Warum wurde die sterbenskranke achtzigjährige Huiberdina A. von einer Uniklinik in die weitaus kleinere

Paracelsus-Klinik ohne Intensivstation überwiesen, ohne Arztbrief?

Die Gegenrede von Gutachter Zenz lässt auf sich warten. Er beschäftigt sich erst einmal damit, sein Vorgehen zu optimieren. Die Auswertung der umfangreichen Vernehmungsprotokolle bereitet ihm offensichtlich einige Mühen. Also fordert er die Ermittlungsbehörden auf, allen Angehörigen noch einmal einen von ihm gefertigten Fragenkatalog vorzulegen. Die Liste aus Bochum umfasst exakt zehn Fragen, die nur mit »Ja« oder »Nein«, beantwortet werden dürfen.

Es geht durchweg um Erinnerungen an die Gespräche mit Mechthild Bach. Wurde auf mögliche Nebenwirkungen des Medikaments Morphin hingewiesen? Wurde der vermeintliche Wille des Patienten besprochen? Im Juni beginnt die Kriminalpolizei erneut mit Vernehmungen; Söhne, Töchter und Ehepartner der Verstorbenen, soweit es sie gibt, werden vorgeladen. »Ein fragwürdiges Frage-Antwort-Schema«, kritisiert Bachs Anwalt, als er davon erfährt.

Auch Rafael Dudziak optimiert sein Vorgehen. Im Kliniklabor führt er eine empirische Testreihe über die Bach'schen Morphiumdosierungen durch. Im September fertigt er eine fünfzehn Seiten umfassende Auswertung als Anhang zu seinem Gutachten an. Das Ergebnis: Mechthild Bach hat das Opiat in allen acht Fällen nach den wissenschaftlichen Vorgaben verordnet, die Kollege Zenz nach seinen eigenen Ausführungen für korrekt hält. Eine von Zenz zitierte Studie erlaube sogar eine dreizehnfach höhere Morphium-Dosis, als Bach sie verabreicht habe.

Von einem Verstoß gegen die Stufenpläne der Weltgesundheitsorganisation und gegen die Grundsätze der Schmerzmedizin kann also keine Rede sein. Kein Verstoß, keine Tötung. Drei Monate später antwortet Zenz und verweist erneut auf das WHO-Stufenschema zur Behandlung von Tumorschmerzen, das als Standardwerk kostenlos zugänglich sei. Seine neunzehnseitige Entgegnung über Morphinplasmaspiegel und pharmakokinetische Modelle mit acht Seiten Literaturhinweisen mag für Medizin-Studenten lehrreich sein – für medizinische Laien, also auch Juristen ist sie unlesbar. Kosten der neunzehn Seiten, inklusive Akten- und Literaturstudium: 5377,35 Euro.

Auf dem Höhepunkt der Auseinandersetzung schreibt Anwalt Klaus Ulsenheimer zwei denkwürdige Sätze an den zuständigen Richter am Amtsgericht, mit dem er seit Monaten über eine Aufhebung des nur ausgesetzten Haftbefehls verhandelt: »Wenn ein Sachverständigengutachten faktisch die Macht hat, zu einem Haftbefehl zu führen, muss – so jedenfalls mein Gerechtigkeitsempfinden – ein anderes fachmedizinisches Gutachten, dessen Verfasser dem anderen nachweislich in keiner Weise unterlegen ist, doch die gegenteilige Wirkung haben, nämlich den dringenden Tatverdacht beseitigen. Zwei sich vollständig widersprechende Gutachten führen – nach meinem Verständnis – zumindest zur Ausgangslage, einem bloßen Tatverdacht, zurück, da man als Jurist die eingetretene medizinische ›Patt-Situation‹ nur schwer beurteilen kann.«

Doch auf die Richter macht dies keinen Eindruck. Auch die Staatsanwaltschaft hüllt sich in Schweigen. Nichts kommt voran. Im Mai 2005, ein Jahr nach der Vorlage des Dudziak-Gutachtens, wartet die Bach-Verteidigung noch immer auf die Antwort von Michael Zenz. Nur in einem von acht Fällen gibt es eine Stellungnahme aus Bochum, die wiederum Rafael Dudziak als »polemisches Betrachten von Einzelheiten« wertet. Von einem Beitrag zur Klärung der wesentlichen Fragen, um die es der Staatsanwaltschaft geht, könne keine Rede sein.

Ulsenheimer spricht von einem Skandal. In einem erneuten Schreiben an die Oberstaatsanwältin wirft er Zenz vor, mit diesem Fall fachlich überfordert zu sein. Er habe offenbar den medizinischen Beurteilungen von Dudziak nichts entgegenzusetzen. Er habe noch nie erlebt, dass ein Gutachter für eine ergänzende Stellungnahme mehr als ein Jahr Zeit brauche. Und dabei habe es sich fast immer um Gutachter aus dem Universitätsbereich gehandelt; also um Fachleute mit einer vergleichbaren Arbeitsbelastung.

Auch mit der Oberstaatsanwältin geht Ulsenheimer hart ins Gericht. Längst hätten Fristen gesetzt, Ordnungsstrafen verhängt werden müssen – wenn nicht gar die Beendigung des Auftrags. »Nichts, aber auch gar nichts ist in diese Richtung geschehen.« Für Mechthild Bach sei dies überaus belastend. Sie müsse mit ansehen, wie ihre bürgerliche Existenz angesichts der schweren Vorwürfe von Zenz vernichtet wird.

Der Jurist Ulsenheimer zitiert aus einem seiner Standardwerke über das Selbstverständnis eines pflichtbewussten Sachverständigen. Dieser müsse in der Lage sein, einen sachlichen Fehler oder einen Irrtum einzugestehen. Die verantwortungsvolle Rolle als Richtergehilfe sei mit falsch verstandenem Prestigedenken, Ehrgeiz und Eitelkeit unvereinbar. Die Belehrung gilt unmissverständlich Zenz.

Doch wie immer in diesem Verfahren bleibt auch dieser Angriff folgenlos. Nach und nach schickt Michael Zenz einzelne Stellungnahmen zu einzelnen Fällen. Im Juli 2005 schließt die Staatsanwaltschaft ihre Ermittlungen ab und erhebt Anklage – Mechthild Bach wird beschuldigt, in acht Fällen Menschen getötet zu haben, ohne Mörder zu sein. Im Mai 2008 legt Michael Zenz sein abschließendes Gutachten vor, fünf Jahre, nachdem er den Auftrag übernommen hat, drei Monate nach Prozessbeginn.

2011 wird sich Michael Zenz in den Ruhestand verabschieden. 2012 übernimmt er die wissenschaftliche Leitung der Sylter Palliativtage, die jedes Jahr stattfinden. 2014 verleiht ihm die Deutsche Gesellschaft für Anästhesiologie und Intensivmedizin die Ehrennadel in Gold.

Im März 2018 beschließt Rafael Dudziak, sich von dem Nachlass aus seinen Gutachterjahren zu trennen. Er mag sich nicht mehr erinnern. Er bestellt ein Unternehmen, das alle seine persönlichen, im Keller gelagerten Akten durch einen Reißwolf zieht – auch die Unterlagen über den Prozess gegen Mechthild Bach. Der erste begann im Februar 2008.

Ein Richter wird krank

Hat sie auf diesen Tag gewartet? Auf diesen 28. Februar 2008, an dem nun endlich der Prozess hier in diesem Schwurgerichtssaal beginnt. Hat sie ihn gar herbeigesehnt, um endlich aus diesem Alptraum aufzuwachen? Um endlich von einem Richter zu hören: Tut uns leid, was Sie durchgemacht haben! An den Beschuldigungen, die Ihr Leben zerstört haben, ist wohl nichts dran!

Bernd Rümke wendet sich der Angeklagten zu. »Sie sind Ärztin?«, fragt er im geschäftsmäßigen Ton, mit einer leichten Spur Herablassung in der Stimme. Bernd Rümke, Vorsitzender Richter des Schwurgerichts, steht nicht im Ruf, ein scharfer Hund zu sein. Stattdessen ist er bekannt für einen verbindlichen Verhandlungsstil.

»... der inneren Medizin«, antwortet die Angeklagte Mechthild Bach. »Von was leben Sie?« Mit leiser Stimme berichtet die 58-Jährige, dass sie kürzlich eine private Praxis für Präventologie in Bad Salzdetfurth eröffnet hat. Sie widmet sich der Krebsvorsorge, der Beratung, dem Coaching, nicht mehr der Krebsbehandlung.

»Gesundheitsprävention ist ein wichtiges Thema, bei dem ich viel von dem einbringen kann ...« Sie stockt, bricht ab, als fürchte sie, ins Erzählen zu kommen. Dabei hat sie doch mit ihren Anwälten vereinbart, dass sie in der

Verhandlung schweigt und wirklich nur die nötigsten persönlichen Angaben macht.

Sie senkt den Blick. Es ist kühl im Saal. Vis à vis der Anklagebank sitzen die drei Gutachter. Einer, Michael Zenz, hat sogar seine Frau als Assistentin mitgebracht. Durch die großen Fenster sieht man auf einen wolkenverhangenen Himmel. Die Fragen des Richters folgen einem exakten Ablaufplan; so wie die Hauptverhandlung, das Kernstück eines Strafprozesses, den Vorgaben der Strafprozessordnung folgt.

Zu Beginn hat der Richter die Angeklagte über ihre persönlichen Verhältnisse zu vernehmen, um, wie es formell heißt, ihre Identität festzustellen. Ein paar andere feste Regeln hat man vergessen. Aber dazu später.

Fünf Jahre ist es nun her, dass Krankenakten in der Paracelsus-Klinik in Langenhagen beschlagnahmt und Mechthild Bach die Ausübung des Arztberufs untersagt wurde. Seit fünf Jahren lebt sie mit der Anschuldigung, acht ihrer Patienten getötet zu haben. Warum der medizinische Sachverständige auch nach fünf Jahren noch keine abschließende Expertise vorgelegt hat, warum die Staatsanwaltschaft ihm keine Frist setzte und warum das Gericht zweieinhalb Jahre verstreichen ließ, bevor nach der Anklage ein Termin für die Hauptverhandlung anberaumt wurde – es sind Fragen, die unbeantwortet bleiben. Bis heute.

Auf dem Platz vor dem Landgericht drängen sich an diesem Donnerstag mehr als ein Dutzend Fotografen und Kameraleute. Die Hoffnung, man könne bereits hier ein erstes Bild vom »Todesengel«, wie die *Bild* einmal titelte, schießen, erfüllt sich nicht. Mechthild Bach betritt das Gebäude mit ihren Anwälten über einen Hintereingang. Aber nicht nur die Medienvertreter warten vergeblich. Etwa hundert Sympathisanten der Ärztin, überwiegend ehemalige Patientinnen, stehen frierend vor dem Eingang. Sie sind gekommen, um ihr den Rücken zu stärken. Sie hätten ihr gern die Hand gedrückt, ein wenig Mut zugesprochen. Daraus wird nun nichts.

Eine der Demonstrantinnen hat sogar zum ersten Mal in ihrem Leben ein Transparent gebastelt, auf dem steht: »Gerechtigkeit – Freispruch für Frau Dr. Bach.« Sie wird das Spruchband noch viele Jahre im Keller aufbewahren, zur Erinnerung, bis irgendwann der Schriftzug feucht und unleserlich geworden ist und das Plakat auf der Deponie landet.

Drinnen im Saal beginnt nach der Vorstellung der Angeklagten Oberstaatsanwältin Regina Dietzel-Gropp mit der Verlesung der Anklageschrift. Das Wesentliche ist seit Langem bekannt; in allen Zeitungen und Zeitschriften stand jener Satz, um dessen Wahrheitsgehalt es nun in den nächsten Monaten gehen soll: Acht Patienten soll sie »eine unangemessen hohe Dosis Morphin, teilweise in Kombination mit einer überhöhten Dosis von Diazepam, verabreicht haben, wobei ihr bewusst war, dass die Behandlung einen tödlichen Verlauf zur Folge haben würde«. Und das Motiv? Mitleid, Habgier? Die Anklägerin verliert darüber kein Wort. Aber sie sagt: Sie tötete »ohne Mörderin zu sein«.

Danach hat wiederum die Angeklagte das Wort; soweit sie es wünscht. Mechthild Bach nutzt dieses Recht, aber überlässt das Reden, wie vereinbart, ihren Anwälten. Ihr Mitstreiter der ersten Jahre ist nicht mehr an ihrer Seite. Klaus Ulsenheimer ist mit 65 Jahren aus der Münchener Sozietät ausgeschieden. Zwei neue Anwälte aus München, deren Reisekosten nicht vom Gericht erstattet worden wären, kann sich Mechthild Bach nicht leisten.

Matthias Waldraff aus Hannover hat übernommen. Ihre Erklärung, die er nun verliest, macht deutlich, dass sie nicht versteht, warum sie auf der Anklagebank sitzt. Ihr Ziel sei es gewesen, Menschen in allen Lebensphasen zu begleiten. »Dazu gehörte auch, schwerstkranken Menschen, deren Tod unausweichlich nahte, ein würdevolles Sterben ohne unerträgliche Schmerzen zu ermöglichen.« Der Vorwurf, wissentlich den Tod von Kranken in Kauf genommen zu haben, habe sie »erschüttert«.

Mechthild Bach ist stets der festen Überzeugung gewesen, »dass ihr Handeln von Zustimmung und Einverständnis der Patienten getragen war«, ergänzt ihr Verteidiger Albrecht-Paul Wegner.

Auch im ersten der acht Fälle, die in den nächsten Monaten nach und nach verhandelt werden, sei dies so gewesen. In einem anderthalbstündigen Vortrag berichten die Verteidiger, was in jenen fünfzehn Tagen vor dem Tod des 52-jährigen Krebspatienten Wolfgang S. Ende 2001 geschah. Auch habe es eine Patientenverfügung gegeben, lässt Bach mitteilen. Leider habe die mittlerweile verstorbene Ehefrau von Wolfgang S. ihr dies damals nur mündlich mitgeteilt. Wegener räumt ein, dass es bei der Dokumentation auf der Station zu Versäumnissen gekommen ist. Dies erschwere das Verfahren. Allerdings dürfe daraus nicht der Schluss gezogen werden, dass Befunde nicht eingeholt wurden. »Im Zweifel für die Angeklagte!«, ruft Wegener.

Der Tag beschert der Verteidigung eine erste Niederlage. Der Antrag auf Befangenheit gegen zwei der vier vom Gericht bestellten Gutachter scheitert. Dem Bochumer Schmerzmediziner Michael Zenz werfen die Anwälte vor, in seinem Gutachten zahlreiche für Bach sprechende Fakten nicht berücksichtigt zu haben. Sie verlangen zudem die Ablösung des Hamburger Rechtsmediziners Achim Schmoldt, weil er als »Privatgutachter« für die AOK Niedersachsen tätig war. Das Gericht lehnt ab.

Im März wird der Fall dann verhandelt. Über Jahre haben sich die beiden Gutachter, Michael Zenz und Rafael Dudziak, schriftlich befehdet. Nun treten sie erstmals persönlich gegeneinander an. Der Streit zwischen dem Klinikdirektor der Anästhesie von der Uni-Klinik Bochum, Zenz, und dem emeritierten Klinikdirektor der Anästhesie von der Uni-Klinik Frankfurt, Dudziak, verwandelt den Gerichtssaal zeitweilig in einen Hörsaal: Zeugen werden zu Studenten im mündlichen Examen, Richter und Ankläger zu unwissenden Statisten und Verteidiger zu ungehörigen Störern. Man beugt sich über Versuchsanordnungen, lässt den Computer Wirkungskurven erstellen, erfährt mehr über die Zugabe von Diazepam-Injektionslösung zu Sterofundin-Infusionslösung – und kommt nebenbei nach mehrtägigen Vorträgen zu der wissenschaftlichen Erkenntnis, dass bei der Verwendung von PVC-Schläuchen weniger Valium im Blut ankommt.

Wenn Zenz auf seine Erstveröffentlichungen hinweist und Verteidiger Matthias Waldraff daraufhin bittet, man solle ihm doch bitte die Fundstellen schriftlich nachreichen, gerät der Prozess ins Komische. Als Michael Zenz im professoralen Ton die Tochter der Verstorbenen Huiberdina A. fragt, ob die Mutter nicht kurz vor dem Tod noch »quietschfidel« gewesen sei, wird es tragisch. Wann ist ein Patient »präfinal«? Mechthild Bach sagt, sie habe immer gespürt, wenn der Tod naht. »Wir sind alle präfinal«, spottet daraufhin Michael Zenz.

Er ist der Ankläger, der »Kron-Sachverständige der Staatsanwaltschaft«, wie ihn der erste Bach-Verteidiger Klaus Ulsenheimer einst nannte, der nun Gefallen daran findet, seinen Gegenspieler wie einen dummen Jungen zusammenzustauchen. Er habe vor Gericht noch nie erlebt, dass ein Sachverständiger einen Kollegen, der zu einer abweichenden Meinung gelangt, derart aggressiv und zum Teil unsachlich angeht, klagt Matthias Waldraff.

Warum, so wird Dudziak gefragt, habe er den Auftrag der Bach-Verteidiger angenommen? »Ich war neugierig auf die wissenschaftliche Auslegung des Kollegen Zenz.« Der Liebhaber klassischer Musik und gläubige Christ lässt die Ethik gegen die Wissenschaft antreten. Der Abbruch einer Therapie sei eine »rationale Entscheidung«, sagt Dudziak. »Irgendwann muss ein Arzt entscheiden, was noch sinnvoll ist.«

»Ohne den Patienten oder die Angehörigen zu informieren?« fragt Zenz.

Manchmal gerät sogar der selbstsichere und eloquente Mediziner Zenz in die Defensive. Als der Internist Hans-Peter Weskott, einer von vielen Ärzten, die als Zeugen Bach entlasten, dem Gericht Ultraschallaufnahmen erklärt und sagt, dass die Lebenserwartung des Patienten Wolfgang S. »sehr, sehr limitiert« gewesen sei, da er vier faustgroße Tumore allein in der Leber aufwies, weitere in der Speiseröhre und Metastasen in Lunge und Gehirn, antwortet Zenz, geradezu bescheiden: »Ich bin Anästhesist. Ultraschall ist nicht meine Spezialität.« Weskott widerspricht auch der Behauptung, dass Mechthild Bach weitere Untersuchungen versäumt hat. »Alle Befunde waren klar.«

Für Zenz zählt nur das, was in den Akten der Paracelsus-Klinik steht. Was wurde von Mechthild Bach notiert, was nicht. Wenn Rafael Dudziak meint, man sollte klären, warum einer Patientin bei einem der vielen früheren Aufenthalte in einer anderen Klinik ein Herzschrittmacher entfernt wurde, winkt Zenz ab. Wenn Dudziak vorschlägt, den Hausarzt zu befragen, zuckt Zenz mit den Schultern und sagt: »Ich habe alle Informationen.« Als Dudziak trotzdem die Hinzuziehung weiterer Krankenunterlagen verlangt, fragt der Vorsitzende Richter Rümke: »Warum?«

»Ich möchte das wissen«, antwortet Dudziak.

Rümke: »Aus medizinischen Gründen?«

Das Gericht zieht sich zurück, berät – und lehnt, wie so oft, den Antrag ab. Dutzende Anfragen und Forderungen scheitern am Widerstand der Richter.

Wie stark die Geschichte der vermeintlichen Opfer umgeschrieben werden müsste, wenn man sich nicht nur auf die Lektüre der Dokumente der Paracelsus-Klinik beschränkt, lässt sich an einem Dienstag im Juli erahnen. Im Schwurgerichtssaal werden zwei Töchter der 2003 verstorbenen Huiberdina A. befragt, die im Prozess als

Nebenkläger auftreten. In die Langenhagener Klinik wurde die Achtzigjährige kurz nach Weihnachten 2002 eingeliefert, nachdem sie gerade einmal drei Tage zuvor aus der Medizinischen Hochschule nach Hause entlassen worden war. »In der MHH grassierte ein Virus«, erzählt Irma R. »Die ganze Station, auch die Ärzte, hatten Durchfall.« Einen Tag nach der Entlassung sei die Mutter ebenfalls an Durchfall erkrankt. Die MHH lehnte eine Wiederaufnahme der Patientin ab und verwies Huiberdina A. »wegen fehlender leerer Betten« an die Paracelsus-Klinik.

Klar wird, dass die Achtzigjährige die letzten Monate ihres Lebens häufig in Kliniken verbrachte. So oft, dass ihre Töchter dies nicht mehr so ernst nahmen. »Bei der nächsten Einweisung dachten wir, jetzt will sie wieder ein wenig Unterhaltung.« Auf Nachfrage räumen beide Töchter ein, dass sie nie einen der vielen Ärzte, die ihre Mutter behandelten, nach einer Diagnose gefragt haben. In der Paracelsus-Klinik haben sie allerdings erwartet, »dass uns mal einer sagt, was los ist.«

Beide Töchter verwickeln sich in Widersprüche. Unklar bleibt, warum Erika D. in ihrer Vernehmung im Jahr 2004 nicht erwähnt hatte, dass ihre Mutter schwer herz- und lungenkrank gewesen war und warum sie stattdessen gegenüber der Polizei nur von »leichten Gebrechen« gesprochen hatte. Die zweite Tochter, Irma R., korrigiert eine frühere Aussage über ein Gespräch mit ihrer Mutter kurz vor deren Tod. Dagegen können sich beide gut erinnern, dass sie nicht von Bach am Sterbebett der Mutter angesprochen wurden. Später lässt Bach erklären, dass sie sich nie ans Krankenbett gesetzt habe, wenn Angehörige da waren. Für ein Gespräch habe sie immer andere Orte gewählt. Offen bleibt, ob überhaupt Morphium gespritzt wurde. Mechthild Bach bestreitet dies. Die Verteidigung fühlt sich am Ende des Tages gestärkt. Die Anklage und ihr Gutachter sind nicht irritiert. Zwei Geschichten, zwei Meinungen.

»Warum haben zwei Wissenschaftler unterschiedliche Meinungen?«, erregt sich irgendwann Richter Frank Bürger. »Das ist die Phänomenologie von Sachverständigen«, belehrt ihn Dudziak. Er macht klar: Alle Vorwürfe sind Fehlschlüsse. »Es ging um terminale Sedierung, die immer wieder in Krankenhäusern geschieht, ohne dass die Öffentlichkeit davon erfährt.« Zenz wiederum bleibt dabei: Es geht um Totschlag durch die Behandlung mit Morphium und Valium. »Der Patient schläft sich in den eigenen Tod.«

An Scharfmachern, die den Prozess abkürzen wollen, fehlt es nicht. Drei Monate nach Verhandlungsbeginn meldet sich AOK-Chefermittler Scherler beim Landgericht und berichtet, dass ein Assistenzarzt der Paracelsus-Klinik ihm zugetragen habe, dass auf der Station von Mechthild Bach Patienten getötet wurden. Besagter Arzt habe dies von einer befreundeten Kollegin gehört, die auf der Station von Bach gearbeitet habe. Als diese Kollegin eilig von der Kriminalpolizei vorgeladen und vernommen wird, löst sich die Geschichte in Luft auf. Die junge Ärztin erzählt zwar, dass sie mit der Chefin nicht klar kam. Aber eigentlich sei sie Mechthild Bach in den fünf Monaten auf der Station fast nie begegnet, weil sie in der Regel schon in ihrer Praxis war, wenn sie selbst, die junge Assistenzärztin, nachmittags ihren Dienst in der Klinik antrat. Die Annahme, sie habe erlebt, wie Patienten getötet wurden, sei falsch. Sie habe so etwas auch nicht erzählt. Aber die Zeit sei nicht einfach gewesen. Die schweren Krankengeschichten verfolgten sie; sie litt, wie sie den Beamten gesteht, unter Albträumen. Für Tippgeber Scherler bleibt die Geschichte folgenlos. Warum er nicht selbst bei der angeblichen Zeugin von Verbrechen nachfragte, bevor er Gerüchte in die Welt setzt, bleibt ein Rätsel – zu Lasten der Angeklagten.

Auch der Prozess wird für viele Beobachter auf den voll besetzten Zuschauerbänken zum Albtraum. Bernd Rümke, der Richter, der gewöhnlich ruhig und höflich in »seinem Gerichtssaal« agiert, ist zunehmend gereizt und ungehalten. Die Regie ist ihm entglitten; die Terminpläne sind nicht mehr einzuhalten; das Thema, wie in Krankenhäusern gestorben wird, überfordert ihn und seine Beisitzer.

Wenn die Verteidiger wieder einmal einen Antrag stellen, Nachfragen haben oder weitere Zeugenvernehmungen beantragen, ist der Vorsitzende Richter kurz angebunden und sichtlich verärgert. Den Gutachter der Verteidigung behandelt er wie einen ungebetenen Gast, der mit langen Ausführungen den Prozess aufhält. Als Matthias Waldraff den Richter um mehr Geduld bittet, da schwierige Vorgänge erörtert würden, reagiert Rümke mit dem Hinweis, er kenne die Strafprozessordnung. Ein als Zeuge geladener Oberarzt aus Hamburg, der Bach entlastet, muss sich von Rümke anhören: »Da hätte der Leiter der Klinik und nicht der Oberarzt kommen müssen.«

Dem Gutachter der Staatsanwaltschaft begegnen er und der neben ihm sitzende Richter Frank Bürger dagegen zuvorkommend und nachsichtig, auch wenn mal wieder der Laptop streikt oder medizinische Fachbegriffe wie lästige Fliegen durch den Saal schwirren. Es sind die Zwischentöne, das Tuscheln auf der Richterbank, die unwirsche Nachfrage an einen Zeugen und die spöttischen Blicke, die die Stimmung im Saal belasten, zeitweilig sogar unerträglich machen.

Bernd Rümke kämpft mit einem Publikum, das sich mit der Angeklagten von Anbeginn verschwistert hat. Nicht nur einmal gerät er in Rage und braust auf: »Für uns gilt das Gesetz und nicht die Stimmung im Saal.« Am letzten Verhandlungstag vor der Sommerpause herrscht er eine ältere Zuhörerin an, sie möge gefälligst aufstehen, wenn die Kammer den Sitzungssaal betritt. Die pensionierte Studienrätin erwidert, dass sie starke Schmerzen in der Hüfte habe und nur deshalb sitzen geblieben sei. »Das ist egal«, kontert Rümke unwirsch. Schließlich habe sie es ja auch geschafft, ins Gericht zu kommen. Er droht ihr mit einer Ordnungsstrafe – »fürs nächste Mal«, falls sich der Vorgang wiederholt. Später erzählt die Gemaßregelte, dass sie sich mit dem Justizbeamten im Saal verständigt habe, dass sie sitzenbleiben dürfe, da sie noch unter den Folgen einer Operation leide. Auch Rümke leidet – aber nicht aus Krankheitsgründen, sondern aufgrund des Gefühls, von den Zuhörerinnen nicht respektiert zu werden.

Man muss kein geübter Beobachter sein, um zu spüren, dass das Gericht der Angeklagten seit dem ersten Tag der Begegnung misstraut. Immer wieder beklagt die Verteidigung, dass entlastende Gutachten, die vorab vorlagen, von der Kammer für die Verhandlung nicht zugelassen wurden, um Zweifel erst gar nicht aufkommen zu lassen.

Am neunten Prozesstag geschieht etwas, was selten vorkommt: Der Eindruck der Voreingenommenheit wird bestätigt. Matthias Waldraff beantragt die Absetzung des Berichterstatters Frank Bürger wegen Besorgnis der Befangenheit. Er mache das ungern, aber es müsse sein, erklärt Waldraff, während sich im Saal lähmende Stille breitmacht. Bachs Anwalt trägt eine eidesstaatliche Versicherung der geschiedenen Ehefrau des Richters vor. Darin erinnert sie sich an ein Telefongespräch mit ihrem Ex, das etwa ein Jahr vor Beginn der Gerichtsverhandlung stattgefunden haben soll. Der Inhalt? Unfassbar. Die Geschichte? Ein Skandal.

Es muss ein lockeres Telefongespräch gewesen sein, eine Unterhaltung unter ehemaligen Eheleuten, die sich auf dem Laufenden halten und plaudern. Frank Bürger berichtet, dass er sich gerade auf den Prozess gegen die Ärztin Mechthild Bach vorbereitet. Seine Ex-Frau kennt den Fall aus der Zeitung; sie mag nicht glauben, dass eine Ärztin tatsächlich zu »so etwas« fähig ist. Daraufhin soll Richter Bürger geantwortet haben: »Was glaubst du denn, das ist nur die Spitze des Eisbergs. Wir befassen uns nur mit acht Fällen, und in diesen acht Fällen bin ich hundertprozentig überzeugt, dass sie die Patienten totgespritzt hat. Du glaubst das gar nicht, da ist einer mit Kopfschmerzen gekommen und war schon am nächsten Tag tot.«

Das Gespräch bestätigt Frank Bürger; das Zitat bestreitet er. Außerdem weist er in einer dienstlichen Stellungnahme darauf hin, dass die Scheidung überaus strittig war und »besonders unerfreulich«. Er erwähnt, dass seine

Ex-Frau an einigen Tagen in der Verhandlung saß, dort auf den Zuhörerbänken, wo so viele Aufrührerinnen sitzen. Bürger hat sogar beobachtet, dass sie Kontakt zur Initiatorin einer Pro-Bach-Demonstration aufgenommen hat.

Damit nicht genug. Frank Bürger hält es für nötig, seinen Dienstherrn und die Öffentlichkeit darauf hinzuweisen, dass seine Geschiedene über mehrere Monate hinweg in psychiatrischer Behandlung war, was wohl bedeuten soll, dass man ihr nicht über den Weg trauen darf. Lügt sie aus Rache? Sie weist den Vorwurf zurück. Sie habe den Prozess besucht, weil ihr Vater im Jahr zuvor unter tragischen Umständen verstorben sei, erzählt sie Journalisten. Die »oberlehrerhafte« Befragung eines Zeugen durch ihren Exmann habe sie überrascht. Daraufhin habe sie sich an das zurückliegende Telefongespräch erinnert.

Im Zweifel für den Richter. Die Kollegen von Frank Bürger lehnen den Befangenheitsantrag der Verteidigung ab. Es sei unvorstellbar, ja »lebensfremd«, zu glauben, ein erfahrener Richter wie Bürger könnte die Regeln vergessen und derart mit seiner Meinung hausieren gehen. Auch der Antrag der Verteidigung auf Anhörung der geschiedenen Frau Bürger und ihrer Ärzte als Zeugen, wird abgewiesen. Ein paar Tage später lässt die Staatsanwaltschaft pro forma mitteilen, dass der Vorgang geprüft werde, da ja nur einer der beiden die Wahrheit sagen könne. Mehr hört man nicht.

Hätte das Gericht anders entschieden, wäre der Prozess bereits an diesem Tag geplatzt. Denn der Skandal offenbart ein gravierendes Versäumnis: Die Kammer hat für dieses Verfahren keinen Ersatzrichter benannt, der von

Anbeginn die Hauptverhandlung verfolgt hat. Die Staatsanwaltschaft hat drei medizinische Sachverständige und drei medizinisch sachverständige Zeugen ernannt. Der Angeklagten wurden zwei Pflichtverteidiger genehmigt – »schon aus dem Sicherstellungsbedürfnis« heraus, falls einer vorübergehend verhindert sein sollte, wie es im Antrag von Matthias Waldraff heißt. Schließlich gehe es um eine diffizile und komplexe Materie; mit einer längeren Verfahrensdauer sei zu rechnen. Für die eigene Besetzung hat die Kammer dagegen keine Vorsorge getroffen.

Spätestens zu diesem Zeitpunkt glauben nur noch Optimisten an ein faires Verfahren. Viele der ungeschriebenen Regeln eines Strafprozesses, zum Beispiel die Information der Verteidiger über neue Entwicklungen, werden nicht eingehalten.

Im Mai 2008 wird durch einen Pressebericht bekannt, dass Michael Zenz ein weiteres Gutachten vorgelegt hat, das die Angeklagte belastet. Das neunte. Auch im Fall des verstorbenen Walter S. beschuldigt er Mechthild Bach des Totschlags. Die Staatsanwaltschaft spricht öffentlich bereits von »Anklagereife« – als ginge es um die Apfelblüte im Alten Land. Bachs Anwälte fallen aus allen Wolken. Niemand hat damit gerechnet, dass die Anklage möglicherweise erweitert wird. Niemand ahnte, dass Michael Zenz weitere Fälle begutachtet.

Im Juli wird durch einen weiteren Zeitungsartikel bekannt, dass auf dem Tisch des Bochumer Sachverständigen bereits seit Oktober 2003 insgesamt dreizehn weitere Patientenakten liegen und auf »Bewertungsreife« warten. Gerade einmal vier Fälle hat er geschafft, in fünf Jahren abzuarbeiten; drei legt er als unbedenklich beiseite, einer kommt auf den Stapel »Behandlungsfehler«. Die Bach-Anwälte beantragen eine Unterbrechung der Hauptverhandlung. Vergeblich.

Dennoch platzt der Prozess. Allerdings aus einem anderen Grund. Der Berichterstatter Frank Bürger erkrankt schwer; drei Monate nach dem Eklat mit seiner Ex-Frau. Er legt ein Attest über eine »unbefristete Arbeitsunfähigkeit« vor. Die Hauptverhandlung wird unterbrochen; laut Prozessordnung ist dies für die Dauer von sechs Wochen möglich. Nach Ablauf der Frist könnte ein Ergänzungsrichter einspringen, um das Verfahren fortzuführen. Doch den gibt es nicht. Eine Gerichtssprecherin windet sich: Es sei nicht abzusehen gewesen, dass das Verfahren so sehr in die Länge gezogen wird. Im September ist Schluss. Gerade einmal zwei von acht Fällen hat das Gericht zu diesem Zeitpunkt verhandelt. Ein dritter wird als unvollendet zu den Akten gelegt. Das Verfahren muss komplett neu aufgerollt werden.

Im Herbst ist ein Gutachten fertig, das der Direktor der Lungenklinik an der Medizinischen Hochschule Hannover (MHH), Tobias Welte, im Auftrag des Gerichts über den dritten Fall angefertigt hat und wieder einmal Mechthild Bach entlastet. Welte kommt zu dem Ergebnis, dass die achtzigjährige Huiberdina A. eines natürlichen Todes gestorben ist. Angesichts der chronischen Lungenerkrankung ohne Aussicht auf Heilung und angesichts des Alters der Patientin sei der Verzicht auf intensivmedizinischen Maßnahmen sinnvoll und nachvollziehbar gewesen, schreibt der Professor. Huiberdina A. war von der MHH an die Paracelsus-Klinik verwiesen worden und dort nach 38 Tagen gestorben.

Im Nachgang kommt es zum Streit mit dem Landgericht. Das Gericht will nicht akzeptieren, dass die MHH das Honorar von 1657,13 Euro für die Stellungnahme einfordert. Dies müsse Tobias Welte persönlich tun. Der Professor ist ungehalten. Das Gutachten habe er nicht als Privatmann geschrieben, diese Arbeit falle unter seine Dienstaufgaben. Dreißig Gutachten habe er bereits für Gerichte geschrieben; nie sei diese Form der Abrechnung beanstandet worden. Das Landgericht Hannover akzeptiert und überweist das Geld an die Hochschule.

Der zweite Prozess

An einem Dienstag im Oktober 2009 wird im Schwurgerichtssaal 127 ein zweites Mal die Anklageschrift gegen Mechthild Bach verlesen – diesmal dauert der Vortrag der Oberstaatsanwältin länger, denn aus acht Patienten, die die Ärztin binnen drei Jahren getötet haben soll, sind dreizehn geworden. Die Geschichte, wie es zu dieser Ausweitung der Anklage kam, ist ein Skandal, einer von vielen in diesem Strafverfahren. Und nicht zum ersten Mal betrifft es die Arbeitsbilanz des Gutachters Michael Zenz. Als Schüler wäre er wohl längst der Schule verwiesen worden. Aber das Landgericht ist überaus nachsichtig.

Ein Rückblick. Im Oktober 2003 beauftragt die Staatsanwaltschaft Hannover den Bochumer Professor, weitere Akten über insgesamt dreizehn verstorbene Patienten zu begutachten. Darunter jene fünf Fälle, die nun Inhalt der zweiten Anklage gegen Bach sind. Immer wieder fragt die Staatsanwaltschaft höflich an, ob der Auftrag nun erledigt sei. Immer wieder vertröstet Michael Zenz die Justiz – mit Hinweis auf seine universitären Aufgaben und klinischen Verpflichtungen in Bochum. Die Staatsanwaltschaft lässt sich vertrösten. Es werden weder Fristen gesetzt, noch ein Ordnungsgeld verhängt. Erst im April 2009 liefert Zenz das letzte Kapitel seiner Stellungnahme ab, fünfeinhalb

Jahre nach Auftragsannahme. Der Verteidigung bleibt bis zur Eröffnung des neuen Prozesses im Oktober wenig Zeit, um sich auf die neue Lage vorzubereiten und eigene Gutachten einzuholen. Aber eine Verschiebung kommt für Mechthild Bach nicht infrage. Noch länger warten? Unvorstellbar. Seit sechs Jahren darf sie nicht mehr ihren Beruf ausüben, seit sechs Jahren muss sie sich einmal in der Woche bei der Polizei melden, da ein Haftbefehl aus dem Jahr 2004 nur außer Vollzug gesetzt ist.

Verteidiger Matthias Waldraff nutzt den ersten Tag zu einer einstündigen Abrechnung – mit dem Gericht, das eine »menschenunwürdige Verfahrensdauer« zulässt, mit der schlampigen Arbeitsweise des Gutachters Zenz und mit dessen Parteilichkeit. Zenz habe »seine eigenen Interessen im hohen Maß über das verfassungsmäßige Recht der Angeklagten auf ein zügiges Verfahren gestellt«, da er trotz seiner Überlastung den Auftrag nicht zurückgegeben habe. Und gibt es nicht ein Beschleunigungsgebot, wenn es um Haftsachen geht, das bereits mehrfach vom Bundesverfassungsgericht bestätigt wurde?

All dies sei ein Offenbarungseid der Justiz, ergänzt Waldraffs Kollege Wegener. Eine Sprecherin der Staatsanwaltschaft wird später erklären, dass es nun mal schwierig sei, ein Gutachten »zeitnah« zu erledigen, wenn es um die Prüfung von mehr als siebzig Fällen geht.

Die vielen Jahre des Wartens haben Spuren hinterlassen. Es ist ein berührender Anblick, als die zierliche Frau im zartrosa Blazer und schwarzem Rock an diesem Dienstag aufsteht, sich zu einem Lächeln zwingt und leicht zitternd die ersten Sätze von einem Blatt abliest. »Ein Häufchen

Elend«, seufzt eine ältere Zuschauerin, die sie von früher kennt. »Früher bebte die Erde, wenn sie auf Station war.«

Mechthild Bach spricht leise, ringt um Fassung. Einst habe sie anderen Zuversicht gegeben, sagt sie mit tränenerstickter Stimme. Nun brauche sie selbst Kraft und Zuversicht. Sie werde zu Unrecht beschuldigt. »In keinem der dreizehn Fälle habe ich die letzte Lebenszeit meiner Patienten durch Morphium verkürzt.« Zugleich räumt sie ein, die medizinische Dokumentation nicht genau genug genommen zu haben. Sie habe dem Befinden der Patienten mehr Aufmerksamkeit gewidmet als den Patientenakten. »Es ist zweifellos der schwerwiegende Fehler, der mich hierher gebracht hat.«

Zwanzig Minuten dauert ihre persönliche Erklärung, die sie diesmal selbst vorträgt und nicht ihrem Anwalt überlässt. Eine ehrliche, kompetente und vertrauenswürdige Ärztin wollte sie sein, sagt sie. Eine Begleiterin »in jeder Lebenssituation«, die Mut macht, aber auch über unveränderbare Wahrheiten spricht. Dies hat sich rumgesprochen. Krebspatienten aus dem ganzen Bundesgebiet kamen in ihre Praxis, sagt sie. Darunter viele Sterbenskranke.

Eine Sterbeklinik? Palliativstationen und Hospize habe es damals nur wenige gegeben, sagt sie. Für Familien und Kliniken, auch für die Medizinische Hochschule »waren meine Praxis und meine Station in der Paracelsus-Klinik ein gefragter Ansprechpartner«. Die Stille im Saal wird zur Last, als sie die Namen der dreizehn angeblich getöteten Patienten auflistet und ihre Krankheiten aufzählt. »Jeder dieser Patienten befand sich in seiner letzten Lebensphase.« Sieben Patienten seien aufgrund fortgeschrittener Tumorerkrankungen und die anderen sechs aufgrund langjähriger chronischer Leiden dem Tode nah gewesen. Jeder hatte das Recht, diesen Abschnitt in Würde und angstfrei zu erleben. Tod durch Morphium und Valium? Bei allen seien Morphiumgaben medizinisch indiziert gewesen. Alle seien nach »palliativmedizinischer Betreuung« an ihrem jeweiligen Leiden gestorben. Bei Patient Nummer acht kämpft sie erneut mit den Tränen.

Kaum hat Mechthild Bach ihren Vortrag beendet, erhebt sich das Publikum im Saal von den Bänken. Viele der rund siebzig Zuschauer sind auch während des ersten Prozesses dabei gewesen. Die leise Demonstration der Solidarität währt nur wenige Sekunden. Der Vorsitzende Richter Wolfgang Rosenbusch, der betont unaufgeregt und angenehm sachlich durch die Verhandlung führt, bietet eine kurze Pause an. Mechthild Bach geht zu ihren Unterstützerinnen. Man umarmt sich.

Wolfgang Rosenbusch, der ein Jahr zuvor den Vorsitz der Schwurgerichtskammer von Bernd Rümke übernommen hat, ist nicht der einzige Neue in diesem Saal. Auch eine beisitzende Richterin, die beiden Schöffen sind frisch dabei. Rosenbusch hat nach der Panne vor einem Jahr zudem einen Ergänzungsrichter und zwei Ergänzungsschöffen benannt. Sie verfolgen den Prozess, haben aber zunächst kein Mitspracherecht. Auch die Sitzordnung wurde leicht korrigiert. Der Tisch der drei Gutachter Michael Zenz, Rafael Dudziak und Achim Schmoldt, alles alte Bekannte, befindet sich nun vis à vis der Richterbank und nicht mehr gegenüber der Angeklagten.

Aber so manch anderes hat sich nicht geändert. Die Zeit der peinlichen Auftritte ist nicht vorbei. Bereits an einem der ersten Prozesstage erscheint einer der ersten Gutachter, die im Auftrag der AOK Niedersachsen im Jahr 2003 ihre Expertisen abgaben, als Zeuge vor Gericht. Der niedergelassene Neurologe Elmar Straube aus Barsinghausen referiert über die Wirkung von Morphium, über Valium und erklärt, welche Therapie er bei dem Gehirntumor von Wolfgang S. gewählt hätte. Wichtig sei eine »multiprofessionelle« Versorgung. Als er zu den Metastasen in Lunge und Leber und dem Tumor in der Speiseröhre befragt wird, zuckt er mit den Schultern. Von den anderen Tumoren habe er erst an diesem Morgen erfahren.

In einer klassischen Tragödie gibt es jenen Moment, in dem das Unheil nicht mehr aufzuhalten ist. Für Mechthild Bach ist es jener Tag im November, an dem Manfred Schwartau als Zeuge das erste Mal vor Gericht auftritt. Der Kardiologe und Gutachter im Auftrag des Medizinischen Diensts der Krankenkassen hatte einst die Anklage auf den Weg gebracht. Nun, sechs Jahre später, steigt er wieder in den Ring. Er teilt aus wie ein gereiztes Schwergewicht. Dass er auch diesmal einen folgenreichen Tiefschlag landet, wird man allerdings erst ein Jahr später erfahren.

Schwartau wird nach den Motiven befragt. Warum sollte die Ärztin Bach ihre Patienten töten? Aus Rachsucht, aus Menschenfeindlichkeit, aus Anmaßung? Nein, Schwartau nennt das profanste Motiv: Habgier. Er spricht von wirtschaftlichen Gründen und unterstellt der Ärztin ein perfides kriminelles Vorgehen. Er erwähnt, dass die Klinik selbst zahlen muss, wenn ein zweiter Facharzt zurate gezogen wird. Er urteilt, dass siebzig Prozent der Patienten aufgrund der Schwere ihrer Erkrankung eigentlich in ein besser ausgestattetes Krankenhaus gehört hätten. Er verrät, dass drei Patienten just an jenem Tag starben, als die Kostenübernahme durch die Krankenkassen auslief und ein neuer Antrag hätte gestellt werden müssen. Und er lässt das Gericht wissen, dass der MDK nicht zur Fehlbelegungsprüfung erscheint, wenn der Patient gestorben ist. Just an dem Tag, als eine Prüfung drohte, habe sich die Angeklagte zur »Intoxikation« entschieden. Töten, um die Fehlbelegung zu kaschieren? Ein absurder Gedanke!

Tatsächlich kämpfen die Krankenkassen in jenen Jahren mit dem Problem, dass sie schlecht kontrollieren können, ob ein teurer Klinikaufenthalt tatsächlich notwendig ist. Das Misstrauen ist groß. Ende der Achtzigerjahre kommt tatsächlich eine Studie des Bundesgesundheitsministeriums zu dem Ergebnis, dass im Schnitt siebzehn Prozent der Klinikbetten »fehlbelegt« sind. Das bedeutet: Siebzehn Prozent der Patienten könnten ambulant behandelt werden, was für die Krankenkassen weitaus preiswerter wäre. Zur Fehlbelegung, so heißt es in der Studie, neigten vor allem die Abteilungen der Inneren Medizin in kleinen Krankenhäusern. Ein Grund sind strukturelle Versorgungsmängel. Pflegeheime und Familien sind auf die intensive Pflege chronisch Kranker schlecht vorbereitet und suchen nach Auswegen. Das Krankenhaus wird Helfer in der Not. Außerdem gibt es wirtschaftliche Gründe: Den Klinikaufenthalt zahlt die Kasse und nicht die Familie.

Seit Längerem suchen Gesundheitspolitiker und die Krankenkassen nach Wegen, um diese vermeintliche Geldschneiderei zu unterbinden. Um den Anreiz für die Kliniken zu erhöhen, Patienten schnell zu entlassen, vereinbaren die Krankenkassen in den neunziger Jahren feste Budgets mit den Kliniken. Aber es gibt weder Vorgaben, wann ein Patient entlassen werden muss, noch gibt es feste Regeln für die Überprüfung der Fehlbelegung, wie Schwartau behauptet. Erst 2004 werden entsprechende Empfehlungen verabschiedet. Und er verstrickt sich in Widersprüche. Gehörten die Patienten nun nach Hause oder in eine noch kostspieligere Uniklinik? Schwartau argumentiert, wie es gerade passt. Hauptsache schuldig.

Auch muss er sich fragen lassen, warum sich die Ärztin Bach so sehr um die Einnahmen eines privaten Klinikbetreibers sorgen sollte, dass sie für ihn sogar tötet? Manfred Schwartau erklärt Wochen später noch einmal in einer schriftlichen Stellungnahme auf einen Befangenheitsantrag der Bach-Verteidigung, dass der überwiegende Teil der Patienten von Mechthild Bach aus zwingenden medizinischen Gründen in besser ausgestattete Kliniken hätte verlegt werden müssen. »Wäre Frau Dr. Bach so verfahren, so wären für den privaten Investor durch die Belegabteilung rote Zahlen entstanden.« In diesem Fall hätte die Klinik vermutlich Bachs Belegarztvertrag gekündigt. Genau weiß es Schwartau allerdings auch nicht. Aber er kennt andere vergleichbare Verträge.

Zwei Monate später, im Januar 2010, sitzt er erneut auf dem Zeugenstuhl im Gerichtssaal und unterstellt der Angeklagten eine komplett falsche Diagnose im Fall von

Günther B. Der MDK-Gutachter ist sich sicher, dass der 63-jährige Frührentner nicht an Leukämie, sondern an Blutarmut durch einen Vitamin-B-12-Mangel litt. Die jahrelange, von Bach verordnete Kortison-Behandlung der Leukämie habe letztlich zum körperlichen Verfall, zu Essstörungen und Depressionen geführt. Für die Krampfanfälle, die in den Krankenunterlagen der Klinik vermerkt sind, hat er keine Erklärung. Die Todesursache ist nach Schwartaus Ansicht dagegen eindeutig. Günther B. starb demnach nicht an einer Venenthrombose im Bauchraum, wie Mechthild Bach vermutet, sondern wurde durch Schmerz- und Schlafmittel vergiftet.

Die Tatsache, dass eine Pathologen-Praxis, und nicht die Internistin Bach in den neunziger Jahren mehrmals das Knochenmark von Günther B. untersucht und laut Unterlagen das »Frühstadium einer CML (Chronischen Myelomonozytäre Leukämie)« diagnostiziert hat, lässt der MDK-Gutachter Schwartau unerwähnt.

Einen Tag vor Schwartaus Auftritt erscheint eine Tochter von Günther B. vor Gericht als Zeugin. Sie hegt keinen Groll gegen die Angeklagte. Im Gegenteil. Sie verteidigt sie und lobt sie für ihre »gute Leistung«. »Sie hat ihn bei früheren Klinikaufenthalten immer wieder hochgepäppelt.« Seit Ausbruch der Leukämie habe sie viel für ihn getan. Seit einem Sturz und einer Lendenwirbelfraktur habe er unter starken Schmerzen gelitten, er sei zunehmend depressiv und apathisch gewesen und habe keinen Lebenswillen mehr gehabt. Wenige Tage vor dem Tod des Vaters teilt Mechthild Bach der Familie mit, dass er »den Hebel nach hinten umgelegt hat«. Unter Tränen schildert die Tochter dem Gericht, dass er sich noch von ihr und ihrer Schwester mit einer Umarmung verabschiedet habe. Er habe friedlich ausgesehen, als habe er keine Schmerzen mehr. »Er hat sein Leben gelebt. Es ist gut so, wie es ist.« Gutachter Schwartau ist da schon längst nicht mehr im Saal. Das Leid der Angehörigen interessiert ihn ohnehin nicht. Die Aktenlage ist entscheidend.

Und das, was in den medizinischen Lehrbüchern steht. Das Problem sei allerdings, dass diese Weisheiten häufig nicht zur klinischen Realität passten, wendet Gutachter Rafael Dudziak ein. Einige Patienten sind nicht so, wie sie in Lehrbüchern idealerweise erdacht und erfunden werden. Auch der Russe Leonid K., der unter einem sehr seltenen, aggressiven Bauchspeicheldrüsenkrebs und Metastasen in der Leber leidet und in der Paracelsus-Klinik nach drei Wochen stirbt, hat wie Günther B. nie über seine Schmerzen gesprochen. »Darüber redet man in unserem Land nicht«, sagt der Sohn vor Gericht. Wie Wolfgang S., der erst zum Arzt ging, als der Speiseröhrenkrebs seinen Körper bereits zerstört hatte, schluckt Leonid K. heimlich Unmengen von Schmerztabletten.

Ende Februar 2002 wird der 63-Jährige in die Paracelsus-Klinik eingeliefert, nachdem ihn die Medizinische Hochschule Hannover (MHH) einen Tag zuvor mit einem Port für Infusionen nach Hause entlassen hat. Er wurde aufgegeben und abgeschoben, kritisiert die als Zeugin geladene Tochter. Man habe sich darauf verlassen, dass ihre Mutter, eine gelernte Krankenschwester, schon wisse, wie man zuhause die nötigen Infusionen setzt. Dabei habe die Mutter das letzte Mal vor zwanzig Jahren in einer russischen

Klinik gearbeitet. Bereits einen Tag nach der Entlassung schickt der Hausarzt Leonid K. zurück ins Krankenhaus – diesmal in die Paracelsus-Klinik.

Die Vorwürfe, man habe Leonid K. abgeschoben, weist ein MHH-Oberarzt vor Gericht zurück und betont, dass eine »leidensmindernde Therapie« geplant gewesen sei. Bei der Todesursache will sich der MHH-Sachverständige nicht festlegen: Weder eine zu hohe Dosierung von Morphium, noch eine starke Unterzuckerung oder der überaus aggressiv fortschreitende Krebs selbst könne mit Sicherheit ausgeschlossen werden.

Gutachter Zenz sieht dies anders: »Mit an Sicherheit grenzender Wahrscheinlichkeit« hätte der Patient seinen Tod ohne die Schmerztherapie um Stunden, beziehungsweise Tage überlebt. Zenz unterstellt Mechthild Bach zudem, dass sie nie mit dem Mann über die Schmerzbehandlung geredet habe, da er ja nur Russisch spreche. Er erwähnt nicht, dass die Tochter das Dolmetschen übernimmt, obwohl dies in den Krankenunterlagen notiert ist. »Jedwede Auseinandersetzungen darüber, um wie viele Stunden oder Tage der Patient ohne die Medikation gelebt hätte, sind akademischer Natur«, urteilt der Sachverständige der Verteidigung, Rafael Dudziak.

Monatelang wird erneut über schwierige medizinische Fragen diskutiert. Eine der Zuschauerinnen notiert sich die Themen, die sie nicht versteht und zuhause nachschlagen will. Wann ist eine Operation eines Hirntumors sinnvoll? Wenn die Lebenserwartung drei oder fünf Monate übersteigt? Finden Tumorkonferenzen statt, wenn der Patient bewusstlos ist? Wie schnell wachsen Lebermetastasen?

Wann beginnt die »finale Phase« des Lebens? Beschleunigt die Sedierung den Tod?

Die Verteidigung hat von einer italienischen Studie erfahren, die zu dem überraschenden Ergebnis kommt, dass eine schmerzlindernde Therapie nicht zu einem schnelleren Tod der Patienten führt. Der Krankheitsverlauf von 518 Krebspatienten in vier Hospizen wurde ausgewertet. Die Verteidigung beantragt eine Anhörung der Studienautoren. Das Gericht lehnt ab.

Im November 2010 wird der sechste Fall verhandelt. Zum zweiten Mal werden die letzten Tage der achtzigjährigen Huiberdina A. von der Gutachter-Riege analysiert, bewertet und beurteilt. Zwei der Töchter, die als Nebenklägerinnen auftreten, sind mittlerweile selbst schwer erkrankt. Eine dritte versucht, sich als Zeugin daran zu erinnern, warum sie überzeugt ist, dass Mechthild Bach schuldig ist. Sie habe damals das Gefühl gehabt, dass ihre Mutter schlecht gepflegt wird und aus dem Atemgerät zu wenig Sauerstoff bekomme, sagt sie.

Einen Monat später geht für Mechthild Bach ein weiteres Jahr ohne Hoffnung zu Ende. An eine ihrer ehemaligen Patientinnen, die kaum einen der Prozesstage versäumt hat, schickt sie Neujahrsgrüße. Sie dankt ihr für die tröstenden Worte und wünscht ihr »viele positive Gedanken«. Am Ende zitiert sie Buddah: »Alles, was wir sind, entsteht aus unseren Gedanken, mit unseren Gedanken formen wir unsere Welt.«

Es ist der erste Jahreswechsel ohne ihren Lebensgefährten. Im Juni musste sie sich nach dreißig gemeinsamen Jahren von ihm verabschieden. Der schwer Demenzkranke starb in einem Krankenhaus, anders als es sich Mechthild Bach gewünscht hatte. Nie habe sie einen Menschen so elend sterben sehen, sagt sie.

Kurz vor seinem Tod hatte das Amtsgericht ihr die Betreuung und damit die Mitsprache über seine Unterbringung entzogen. Vorausgegangen war ein erbitterter Streit mit einem privaten Pflegedienst über die Behandlung von Karl H., der seit acht Jahren in einer Demenz-Wohngemeinschaft in Langenhagen lebte. Mechthild Bach wollte ihm ein Beruhigungsmittel geben, das ihm zuvor bereits bei einem Klinikaufenthalt verordnet worden war. Doch die Pflegekräfte weigerten sich, beschwerten sich beim Amtsgericht und warfen ihr vor, sich nicht wie eine Betreuerin, sondern wie eine Ärztin aufzuspielen. Das Gericht entzog ihr daraufhin die Betreuung. Der zuständige Arzt verlegte den Patienten schließlich zurück in eine Klinik, um den streitenden Parteien aus dem Weg zu gehen.

Bereits Ende 2010 ist klar, dass das Gericht in Kürze eine Art Zwischenbilanz verkünden will. Mit einem Urteil wird erst 2012 gerechnet; doch der Druck wächst, das Verfahren zu beschleunigen. Längst hat sich der Prozess zu einem der teuersten in der hannoverschen Justizgeschichte entwickelt, zulasten der Steuerzahler. Bachs Verteidiger Albrecht-Paul Wegener schätzt die Gesamtkosten, inklusive der justizeigenen Kosten auf rund 1,5 Millionen Euro. Auf rund 800.000 Euro summieren sich die Ausgaben für mehrere Dutzend Gutachter, darunter die drei vom Gericht bestellten Sachverständigen, die pro Verhandlungstag jeweils bis zu 1500 Euro zusätzlich zum Honorar für die Vor- und Nachbereitung der Fälle abrechnen dürfen, für Zeugen und die beiden Pflichtverteidiger.

Dem Sachverständigen der Staatsanwaltschaft Michael Zenz wurde zudem gestattet, seine Ehefrau, eine resolute Ärztin, als Assistentin während der Prozesstage zu beschäftigen. Sie bekommt zusätzlich zu Hotel-, Fahrt- und Verpflegungskosten zwar nur fünfzehn Prozent des regulären Gutachter-Honorars, aber darf die gleiche Stundenzahl wie ihr Mann abrechnen. Die Verteidigung spricht von einem »ungewöhnlichen« Vorgang, aber der Vorsitzende Richter Rosenbusch hält den familiären Beistand angesichts des »Niveaus der wissenschaftlichen Auseinandersetzung« für erforderlich. Auch das niedersächsische Justizministerium hat mit der Überschreitung des Etats für Sachverständige kein Problem. Ein Verfahren koste, was es koste. »Letztlich unterliegt Gerechtigkeit nicht einer Kostenrechnung«, belehrt ein Sprecher.

Anders als Michael Zenz kann Rafael Dudziak seine sieben Fall-Gutachten, die er vor Eröffnung des Strafverfahrens für die Verteidigung von Mechthild Bach anfertigte, nicht beim Staat abrechnen. Für 253 Arbeitsstunden bekommt er 2004 von der Paracelsus-Klinik 9280 Euro überwiesen. Das reguläre Honorar für »komplizierte Fälle« hätte eigentlich 20.240 Euro betragen. Bachs Kanzlei bat um Nachlass, die Rafael Dudziak gewährte. Aus christlicher Nächstenliebe, wie er sagt.

Eine kalte Welt

An diesem Sonntag schaut Mechthild Bach früher als üblich am Haus des Musikdirektors vorbei. Nicht um sechzehn Uhr, sondern schon um vierzehn Uhr. Hat sie überlegt zu klingeln? Sie tut es nicht. Stattdessen hängt sie einen Beutel mit ein paar Naturheilmitteln aus ihrer Präventionspraxis an die Türklinke. Seit Jahren war es eine liebe Gewohnheit, nach dem Gespräch mit ihrem Anwalt das befreundete Paar in Langenhagen zu besuchen. Anschließend zog sie mit Kuchen weiter in die Pflege-WG, wo ihr mittlerweile verstorbener Mann lebte. Abends meldet sich eine Freundin telefonisch beim Musikdirektor. Mechthild Bach habe darum gebeten, an diesem Abend nicht mehr angerufen zu werden.

Die Unterredung mit Matthias Waldraff am Sonntagmittag war kürzer als üblich ausgefallen. Vier Tage hatten sie sich nicht gesehen. Vor vier Tagen hatte Wolfgang Rosenbusch, Vorsitzender Richter am Landgericht, der Angeklagten mitgeteilt, dass sie nicht mit einem Freispruch rechnen könne. Im Gegenteil. Die Botschaft war eindeutig: In zwei von sechs Fällen, die im vergangenen Jahr verhandelt wurden, komme eine Verurteilung wegen Mordes aus Heimtücke und damit eine lebenslange Haftstrafe in Betracht. Beide Patienten seien während ihres

Krankenhausaufenthalts bei vollem Bewusstsein gewesen, aber über die Behandlung mit den Schmerz- und Beruhigungsmitteln nicht aufgeklärt worden. Auch bei den anderen Patientenschicksalen schließt das Gericht einen natürlichen Tod aus. »Die Patienten hatten nicht den Wunsch zu sterben«, so der Vorsitzende. »Sie hatten Zukunftspläne.«

Rosenbusch stellt klar, dass auch ein mögliches Einverständnis nichts an der Wertung des Gerichts ändern würde. »Es ist zulässig, Morphium einzusetzen, auch wenn es zur Lebensverkürzung führt. Die Grenze liegt aber dort, wo der Schmerz beseitigt ist.« Diese Grenze müsse durch genaue Beobachtung festgelegt werden. Zum Schluss lässt der Richter die Angeklagte wissen, dass man notfalls auch in ihrer Abwesenheit verhandeln könne. Es trifft Mechthild Bach wie ein Donnerschlag – denn deutlicher kann man nicht sagen: Es ist dem Schwurgericht nicht mehr wichtig, was sie sagt und erklärt.

Wie soll es nun weitergehen? Mechthild Bach hat sich eine lange Liste Fragen notiert. Ihr Anwalt Matthias Waldraff verspricht ehrliche Antworten. Zwei Stunden dauert das Gespräch. Ist eine Verurteilung noch zu verhindern? Er hat wenig Hoffnung.

Kann es sein, dass sie bereits vor dem Urteil wieder in Untersuchungshaft kommt? Da der Haftbefehl nur ausgesetzt ist, ist dies nicht auszuschließen.

Wie lange dauert ein Revisionsverfahren vor dem Bundesgerichtshof? Mindestens ein Jahr. Angesichts der Vielzahl an vermeintlichen Verfahrensfehlern, die Bachs Verteidigung gesammelt hat, dürfte die Revisionsschrift gut 500 Seiten stark sein.

Was geschieht, wenn die Revision erfolgreich ist? Es kommt zur Neuauflage des Prozesses an einem anderen Landgericht. Das bedeutet ein Jahr Vorbereitung und mindestens ein weiteres Jahr für das Verfahren.

Und dann? Nach einem Freispruch könnte die Staatsanwaltschaft in Revision gehen. Wann ist dann mit einer endgültigen Entscheidung aus Karlsruhe zu rechnen? Wann könnte sie im besten Fall wieder als Ärztin arbeiten? Frühestens in fünf Jahren. »Das schaffe ich nicht. Diese Kraft habe ich nicht mehr«, sagt sie. Beim Abschied umarmt sie ihn kurz. Matthias Waldraff weiß, dass er sie nicht wiedersehen wird. Er respektiert ihren Willen, dieses Gerichtsurteil nicht abwarten zu wollen. Ja, er bewundert ihren Stolz.

Wie sollte es weitergehen? Vermutlich sah das Gericht die Chance, mit der harten und klaren Zwischenbilanz das schier endlose Strafverfahren abzukürzen. Vorstellbar ist, dass die Staatsanwaltschaft an einem der nächsten Prozesstage beantragt hätte, alle anderen Anklagepunkte fallen zu lassen und nur noch über die beiden möglichen Mordfälle zu verhandeln. Man wird es nicht mehr erfahren.

Am Montag verbreitet sich in Windeseile die Nachricht von Dr. Bachs Tod. Ein Nachbar, der einen Hausschlüssel besaß, öffnete um die Mittagszeit die Haustür zu dem Einfamilienhaus in Bad Salzdetfurth. Er findet Mechthild Bach tot in ihrem Schlafzimmer auf. Kurz darauf treffen Kriminalbeamte ein. Das Obduktionsergebnis am nächsten Tag bestätigt den Selbstmord durch eine Überdosis Morphium. Noch am Sonntagabend hatte sie sich mit einer Mail von einigen Freunden verabschiedet. »Ich gehe mit ganz reinem Gewissen«, schreibt sie. Ihrer früheren Praxismitarbeiterin, der sie vor nicht langer Zeit noch bei der Einrichtung der neuen Wohnung geholfen hatte, erklärt sie in einer anderen Mail, dass sie kein zweites Mal in ein Gefängnis gehen werde.

Knapp zehn Tage später, an einem regnerischen Freitagmorgen, findet die Beerdigung in Langenhagens größter Kirche, der Elisabethkirche, statt. Rund 500 Trauergäste sind gekommen. Der »Fall« hat die Stadt bewegt, deren Namen bislang vielen Nicht-Heimischen nur aufgrund des Flughafens ein Begriff war. Nun ist (und bleibt) es der Ort, in dem »Bachs Treiben« endete, wie der *Spiegel* noch wenige Wochen zuvor abschätzig schreibt. Langenhagener Floristen haben den Blumenschmuck für den Sarg gespendet. Nicht alle Trauernden finden einen Platz im Kirchenschiff; sie stehen in den Gängen, drängen sich vor der Kirchentür. Über Lautsprecher wird Bachs Lieblingsmusikstück, Anton Dvoraks neunte Symphonie, nach draußen übertragen. Landessuperintendentin Ingrid Spieckermann hält die Trauerrede. Sie wählt als Motto einen Satz aus einer der letzten Mails von Mechthild Bach: »Es ist so kalt geworden in dieser Welt.«

Die Pastorin spart nicht mit kritischen Worten. Sie rügt Gutachter, die »nach erstaunlich langer Zeit erstaunlich genau Bescheid wussten«. Das Gegenteil sei auch vorstellbar gewesen, aber spielte keine Rolle. Sie hält der Justiz vor, Mechthild Bach acht Jahre lang an den Pranger gestellt und öffentlich seziert zu haben. Sie wirft der Presse eine »teilweise brutale mediale Vermarktung« vor. »Im Zweifel für die Angeklagte«, dieser Grundsatz habe am Ende nicht mehr für Mechthild Bach gegolten.

Und sie warnt vor Dokumentationswahn. Dass sie die Dokumentationspflichten vernachlässigte, habe Mechthild Bach zugegeben, sagt Ingrid Spieckermann. Aber hat sie nicht auch argumentiert, dass sie – falls sie hätte töten wollen – einer Dokumentation zum eigenen Schutz nachgekommen wäre? Dies wurde ignoriert. Eine Behandlung in der letzten Phase des Lebens lasse sich nicht nur in Schwarz oder Weiß einteilen, sondern verlaufe in Grau-Schattierungen. »Der Mensch ist keine Rechenaufgabe.« Auch die Seelsorge kenne jene Situation der gegenseitigen Rücksichtnahme von Angehörigen und Sterbenden, die nicht offen das besprechen, was womöglich zwischen Arzt und Patient Thema ist.

Behutsam versucht die Pastorin in ihrer Predigt, dem Menschen Mechthild Bach nachzuspüren. Einer erfolgreichen, überaus fürsorglichen, bei Patienten beliebten Ärztin, der man nicht ansah, wie sehr sie all das traf. Vielen sei sie ein »Lebensengel« geworden. Das wenige, was sie sich selbst gönnte, war die Musik, in die sie eintauchen konnte. Am Ende sei ihr sogar verwehrt worden, sich um ein würdiges Sterben ihres Lebenspartners zu kümmern. Sie sei ein zutiefst im Vertrauen auf Gott gegründeter Mensch gewesen. Bei Gott habe sie sich zeitlebens geborgen gefühlt. Sie sei voller Hoffnung gewesen. »Sie war fest davon überzeugt, dass der Richter ihr glaubt.«

Nach der Rede begleitet der Trauerzug den Sarg durch die Straßen Langenhagens zum Friedhof. An der Spitze gehen Bachs Verteidiger Matthias Waldraff und ihr langjähriger Freund, der Musikdirektor. Verwandte gibt es nicht mehr. Vertreter des Gerichts sind nicht erschienen. Als sich der Platz um das frische Grab weitgehend geleert hat, singt eine junge Frau ein »Ave Maria«, unter Tränen.

In den Tagen danach wird die »Akte Bach« geschlossen. Es beginnt das öffentliche Nachdenken. Der Präsident des Landgerichts, Dieter Schneidewind, bedauert den Selbstmord: »Es ist tragisch, dass sich Frau Bach in so einer aussichtslosen Situation gesehen hat.« Der niedersächsische Justizminister Bernd Busemann räumt »bedauerliche Verzögerungsphasen« ein. Ansonsten habe aber niemand einen Fehler gemacht. Hans-Ludwig Schreiber, ein renommierter Göttinger Rechtswissenschaftler und ehemaliger Uni-Präsident, meldet sich empört zu Wort. Er habe den Eindruck, dass das Gericht am Ende zuschlagen wollte. Ihn habe gewundert, mit welcher Intensität Mord konstruiert wurde. »Der Prozess wurde mit großer Aggressivität geführt.«

Die Anwältin der Nebenklägerinnen gesteht, dass die Motive der Ärztin in keiner Weise in den langen Verhandlungstagen geklärt worden seien. Was bewegte Mechthild Bach? Am Ende hätte wohl nur ein psychiatrisches Gutachten die Persönlichkeit der Angeklagten einordnen können. Für eine psychologische Untersuchung fehle die Rechtsgrundlage, entgegnet ein Psychiater. Es sei denn, die Frage einer verminderten Schuldfähigkeit stünde im Raum.

Ärzte sorgen sich in diesen Tagen um den Ruf der Schmerzmedizin und fürchten die Verunsicherung der Kollegen. Der »Fall Bach« zeige das »Unverständnis der Juristerei gegenüber der Medizin«, resümiert Tobias Welte, Klinikdirektor an der Medizinischen Hochschule Hannover (MHH) mit reichlich Erfahrung als Gutachter vor Gericht. Die Richter verlangten eindeutige Antworten, die ein Arzt nicht immer bieten könne, da die Erkrankung eines Patienten immer ein individuelles Schicksal sei. Es sei schwierig, einen problematischen Therapieverlauf einwandfrei auf einen identifizierbaren Fehler zurückzuführen, für den am Ende der Arzt haftbar gemacht werden kann. Wie viele bedauert auch Welte den Tod der Kollegin. »Mir tut sie von Seele und Herzen leid.« Sie habe ihre früheren Patienten noch regelmäßig auf der MHH-Station besucht. Der MHH-Onkologe Arnold Ganser beruhigt: Palliativmediziner, die schwerkranke Patienten mit einer entsprechenden Einwilligung über ihre Lage aufklären und den Therapieverlauf dokumentieren, hätten nichts zu befürchten.

Ein Jahr nach der Beerdigung erscheint Bachs enger Freund, der Musikdirektor, im Stadtarchiv der Stadt Langenhagen und hinterlässt zwei Kisten, vollgepackt mit Zeitungsartikeln, die den Fall Bach dokumentieren. Außerdem übergibt er der Archivleiterin die Noten einer selbst geschriebenen Erinnerungskomposition mit dem Titel »Lebensfreude-Schicksalsmelodie« in Dur und Moll. »Mechthild Bach hatte sehr viel Lebensfreude«, sagt er. Die Artikel habe er für Mechthild Bach zurückgelegt, weil sie ein Buch über die Ereignisse schreiben wollte, wenn mal alles vorbei ist. Das Stadtarchiv sei nun der richtige Ort für die Sammlung – als Teil der Heimatgeschichte.

Ein Nachtrag

> Die interessantesten Fragen bleiben immer Fragen. Sie bergen ein Geheimnis. Jeder Antwort muss man ein »vielleicht« hinzufügen. Nur uninteressante Fragen haben eine endgültige Antwort.
>
> Eric-Emmanuel Schmitt, *Oskar und die Dame in Rosa*

Paul Schlesinger gilt als der berühmteste Gerichtsreporter der Weimarer Republik. Unter dem Kürzel »Sling« erschienen seine Arbeiten in der *Vossischen Zeitung*. Schlesinger schrieb einmal, dass er nicht an eine Objektivität am Richtertisch glaube und immer bestrebt sei, die Dinge so zu zeichnen, wie er sie sehe. Als Journalist lerne man zwar, einen Bericht zu schreiben, den man nur deshalb objektiv nennt, weil er die Ansicht des Richters ausspricht oder ihr nahezukommen versucht. Aber »richtig« sei dieser richteroffiziöse Bericht schon deshalb nicht, weil es ein »richtig« weder im Gericht, noch ansonsten im Leben gebe. »Wie oft möchte man sich einmischen, nur weil der Angeklagte nicht die Sprache des Richters, der nicht die Sprache des Angeklagten versteht«, schrieb Sling 1929.

Die Autoren haben Paul Schlesinger beim Wort genommen und beschlossen, sich einzumischen. Sie haben mit vielen der Beteiligten am »Verfahren Bach« noch einmal gesprochen. Sie mussten bei den Recherchen aber auch erfahren, dass einige Interviewwünsche abgelehnt wurden. Den Prozess haben die beiden Journalisten im Gerichtssaal miterlebt. Gabi Stief als zeitweilige Berichterstatterin für die *Hannoversche Allgemeine Zeitung* und Hans-Peter Wiechers, der damals zwar Gerichtsreporter war, im Fall Bach aber nur interessierter Beobachter und Freund des Verteidigers.

Das Thema begleitete die Autoren weiter, als Jahre später im Bundestag leidenschaftlich über ein Gesetz zur Sterbehilfe und ein Sterben in Würde gestritten wurde und Gabi Stief als politische Korrespondentin in Berlin darüber berichtete. Auch persönliche Erlebnisse wie die Begegnung mit einer Palliativmedizin, die sich bemüht, Sterbende mit menschlicher Wärme zu behandeln und unerträgliche Schmerzen zu lindern, waren ein weiteres Motiv, dieses Buch zu schreiben.

Dennoch stellt sich die Frage, warum man sieben Jahre nach dem Selbstmord von Mechthild Bach noch einmal an Gefühle rühren, in Gutachten blättern und alte Vorwürfe auffrischen sollte. Warum nun mit dieser Parteilichkeit, obwohl niemand, natürlich auch die Autoren nicht, die »Wahrheit« kennen?

Ein Grund war auch der Wunsch, Widersprüchen nachzuspüren. Ein weiterer war der Unmut über das Ausmaß an Vorverurteilungen, denen Mechthild Bach hilflos ausgesetzt war. Bereits sehr früh wurden von Gutachtern Deutungsmuster vorgegeben und von den Medien übernommen. Im Mittelpunkt stand plötzlich der vermeintliche Skandal über eine Ärztin, die sich als Gott aufspielt und tötet. Dabei geriet der eigentliche Skandal in den

Hintergrund: der Umgang mit Sterbenden im ganz normalen Klinikalltag.

Und hat sich etwas seit damals geändert? Viele befürchteten, der Prozess könnte der jungen Palliativmedizin schaden. Dies ist nicht geschehen. Sie hat sich in den vergangenen Jahren etabliert, zum Segen von Sterbenskranken. 1996 gab es bundesweit gerade einmal 28 Palliativstationen in Krankenhäusern, zwanzig Jahre später hat sich die Zahl auf rund 300 verzehnfacht. Fast 10.000 Mediziner haben mittlerweile die Zusatzausbildung zur Palliativmedizin absolviert, die erstmals angeboten wurde, als Mechthild Bach bereits Berufsverbot hatte. Trotz der positiven Entwicklung – das Angebot reicht nicht, um alle Palliativpatienten zu versorgen.

Die Gabe von Morphium, die sogenannte palliative Sedierung, ist mittlerweile in der Palliativmedizin zur Linderung von Tumorschmerzen und Luftnot Standard und in den Leitlinien hinterlegt. 2014 beschäftigte sich die Zeitung *Die Welt* in einem Artikel mit der Verwendung von Medikamenten-Cocktails, die es Todkranken erlauben, in Frieden zu sterben: Opiate gegen die Schmerzen, Benzodiazepine zum Schlafen und zur Bewusstseinsminderung. Die beiden Experten, die befragt wurden, sind alte Bekannte aus dem Bach-Verfahren: Der pensionierte Bochumer Schmerzmediziner Michael Zenz, der als Sachverständiger der Anklage auftrat, und der Bonner Palliativmediziner Lukas Radbruch, der das erste Gutachten schrieb, das die beschuldigte Ärztin entlastete. Stolz erklärt Zenz in dem Artikel, dass ihm noch niemand an einer Opioidüberdosis unter palliativer Sedierung gestorben sei. »Kann sein, dass man als Arzt die Dosis schon mal zu hoch einstellt. Aber dann stirbt der Patient nicht gleich. Die Atemzüge pro Minute werden weniger, dann passt man die Therapie an.« Lukas Radbruch gesteht: »Natürlich kommt es vor, dass ein Patient just nach einer Dosiserhöhung stirbt. Dann fragt man sich: War das jetzt wegen der Dosis? Aber man sagt sich auch, dass er todkrank war.« Zur Erinnerung: Der Vorsitzende Richter im Bach-Prozess, Wolfgang Rosenbusch, war in seinem Schlusswort, das eigentlich eine Art Zwischenbemerkung sein sollte, überzeugt, dass ein Arzt »durch genaue Beobachtung« die Grenze festlegen könnte, wann Morphium nicht mehr »nur« Schmerz lindert, sondern den Tod beschleunigt.

Auch der Nationale Ethikrat hat sich mit der schwierigen Frage beschäftigt, ob die palliative Sedierung den Tod beschleunigt, und kommt zu dem Ergebnis, dass die leitlinienkonforme Behandlung keine Sterbehilfe ist. Es gebe zwar bislang nur wenige Studien zu dem Thema, aber diese besagten, dass eine fachgerechte palliative Sedierung das Leben eher nicht verkürzt.

Ein weiterer Streitpunkt im Bach-Verfahren war der Abbruch lebensverlängernder Maßnahmen. Fest steht: Bitten sterbende Patienten darum, während des künstlichen Schlafs unter palliativer Sedierung nicht ernährt und mit Flüssigkeit versorgt zu werden, gilt dies als zulässige passive Sterbehilfe. Dennoch haben Ärzte häufig ein Problem, dem Willen des Patienten nachzukommen – wann gilt der Abbruch als Indikation? Nur bei Schmerzen, Luftnot, Verwirrtheit und Übelkeit, die anders nicht behandelt werden können? Die Leitlinien sind unentschieden.

Wie formulierte es doch ein Sachverständiger nach dem Tod von Mechthild Bach: Es gibt medizinische Fragen, die nicht geklärt werden können – und ganz sicher nicht von einem Gericht.

Noch eine kurze Anmerkung zu der langen Verfahrensdauer, die Mechthild Bach zugemutet wurde. Acht Jahre stand sie am öffentlichen Pranger, bevor sie sich 2011 das Leben nahm. Zur Erinnerung: Der Staat ist verpflichtet, Gerichtsverfahren in angemessener Zeit zum Abschluss zu bringen. »Verzögertes Recht ist verweigertes Recht«, heißt eine englische Rechtsweisheit. Überlange Verfahren führen nicht nur dazu, dass – wie im Fall von Mechthild Bach – berufliche Existenzen vernichtet werden, bevor die Schuldfrage überhaupt geklärt ist. Auch die Suche nach der Wahrheit und Gerechtigkeit wird erschwert. Zeugen sind verstorben oder erinnern sich nicht mehr.

Die Politik hat reagiert. Allerdings mit Verzögerung. Erst nachdem der Europäische Gerichtshof für Menschenrechte Deutschland wegen der Überlänge gerichtlicher Verfahren in mehr als hundert Fällen eine Rüge aussprach und eine Frist setzte, wurde der Gesetzgeber aktiv. 2011 trat ein Gesetz in Kraft, das eine Entschädigung von 1200 Euro pro Jahr für seelische, körperliche und wirtschaftliche Belastungen durch überlange Verfahren vorsieht. Zunächst ist jedoch eine Verfahrensrüge erforderlich. Bleibt sie sechs Monate lang folgenlos, können Betroffene eine Entschädigungsklage einreichen.

Der Erfolg des Gesetzes ist umstritten. Nach Ansicht von Experten hat sich wenig verändert. Denn das Hauptproblem – die mangelhafte Personalausstattung der Gerichte –

wurde nicht gelöst. Außerdem befand der Bundesgerichtshof 2013, dass eine generelle Festlegung nicht möglich ist, wann ein Verfahren unverhältnismäßig lange dauert. Der Einzelfall entscheidet.

Mechthild Bach war ein Einzelfall. Sie hat sich zu Fehlern bekannt, aber hat sie sich schuldig gemacht? Der Leser mag selbst urteilen.